대한민국 법령 시리즈 453

한국은행법

법령
시행령

해광출판사

머리말

이 책은 방대한 법전을 보지 않고 간편하게 해당되는 법령만 참고해서 볼 수 있도록 하였습니다. 공공기관이나 관련 종사자들이 쉽고 간편하게 해당 법령을 참조 할 수 있도록 하였습니다.

특히 해당법률은 물론 관련 시행령을 함께 실어 관련법을 서로 참고할 수 있게 하였습니다.

법률이라는 것이 크든 작든 항상 변하는 관계로, 출간 이후의 정확하고 최신의 법률은 법제처 국가법령정보센터에서 확인이 가능하니 법률의 실제 적용 시 확인이 필요한 점 유의하기를 바랍니다.

편집부

* 수록 법률은 법제처 국가법령정보센터에서 확인 가능합니다.
* 발행일 기준 시행 법률이므로 최신 법령은 위 센터에서 볼 수 있습니다.
* 본 책자에 수록된 법률의 문구에 대하여 법적인 효력은 없으며,
  실제 적용 법률은 위 센터에서 최신의 법률로 확인하시기 바랍니다.
* 해당 법령과 함께 시행령, 시행규칙도 수록되어 있습니다.
* 발행일 기준으로 개정 예정 법률은 밑줄로 별도 표시되어 있으며,
  보다 정확한 것은 법제처에서 확인하기 바랍니다.

목차

한국은행법

[시행 2024. 5. 17.] [법률 제19409호, 2023. 5. 16., 타법개정]

**개정 예정 법률 밑줄 별도 표시.

한국은행법

[시행 2024. 5. 17.] [법률 제19409호, 2023. 5. 16., 타법개정]

제1장 총칙 <개정 2016. 3. 29.>

제1조(목적) ① 이 법은 한국은행을 설립하고 효율적인 통화신용정책의 수립과 집행을 통하여 물가안정을 도모함으로써 국민경제의 건전한 발전에 이바지함을 목적으로 한다.

② 한국은행은 통화신용정책을 수행할 때에는 금융안정에 유의하여야 한다.

[전문개정 2016. 3. 29.]

제2조(법인격) 한국은행은 무자본 특수법인으로 한다.

[전문개정 2016. 3. 29.]

제3조(한국은행의 중립성) 한국은행의 통화신용정책은 중립적으로 수립되고 자율적으로 집행되도록 하여야 하며, 한국은행의 자주성은 존중되어야 한다.

[전문개정 2016. 3. 29.]

제4조(정부 정책과의 조화 등) ① 한국은행의 통화신용정책은 물가안정을 해치지 아니하는 범위에서 정부의 경제정책과 조화를 이룰 수 있도록 하여야 한다.

② 한국은행은 통화신용정책을 수행할 때에는 시장기능을 중시하

여야 한다.

[전문개정 2016. 3. 29.]

제5조(한국은행의 공공성·투명성) 한국은행은 업무를 수행하고 기관을 운영할 때에는 공공성과 투명성을 확보하도록 노력하여야 한다.

[전문개정 2016. 3. 29.]

제6조(통화신용정책 운영방향의 수립 등) ① 한국은행은 정부와 협의하여 물가안정목표를 정한다.

② 한국은행은 매년 통화신용정책 운영방향을 수립하여 공표하여야 한다.

③ 한국은행은 제1항에 따른 물가안정목표를 달성하기 위하여 최선을 다하여야 한다.

[전문개정 2016. 3. 29.]

제7조(사무소) 한국은행은 주된 사무소를 서울특별시에 두며, 업무수행상 필요하다고 인정할 때에는 정관(定款)으로 정하는 바에 따라 지사무소(支事務所) 및 대리점을 둘 수 있다.

[전문개정 2016. 3. 29.]

제8조(정관) ① 한국은행의 정관에는 다음 각 호의 사항이 포함되어야 한다.

1. 목적
2. 명칭
3. 사무소·지사무소 및 대리점에 관한 사항
4. 집행간부 및 직원에 관한 사항
5. 업무와 그 집행에 관한 사항

6. 예산 및 회계에 관한 사항

7. 공고 및 공표의 방법

8. 그 밖에 대통령령으로 정하는 사항

② 한국은행은 제12조에 따른 금융통화위원회의 심의·의결을 거쳐 정관을 변경할 수 있다.

[전문개정 2016. 3. 29.]

제9조(등기) ① 한국은행은 대통령령으로 정하는 바에 따라 등기하여야 한다.

② 한국은행은 주된 사무소의 소재지에서 설립등기를 함으로써 성립한다.

③ 한국은행은 등기를 하여야 하는 사항에 관하여는 그 등기를 한 후가 아니면 제3자에게 대항할 수 없다.

[전문개정 2016. 3. 29.]

제10조(유사명칭의 사용금지) 한국은행이 아닌 자는 한국은행 또는 이와 유사한 명칭을 사용해서는 아니 된다.

[전문개정 2016. 3. 29.]

제11조(금융기관의 범위) ① 이 법에서 "금융기관"이란 「은행법」 제2조에 따른 은행과 「금융지주회사법」에 따른 은행지주회사를 말한다.

② 삭제 〈2016. 5. 29.〉

③ 보험회사와 상호저축은행업무 또는 신탁업무만을 하는 회사는 금융기관으로 보지 아니한다.

[전문개정 2016. 3. 29.]

제2장 금융통화위원회 〈개정 2016. 3. 29.〉

제1절 금융통화위원회의 구성 〈개정 2016. 3. 29.〉

제12조(설치) 한국은행에 정책결정기구로서 금융통화위원회를 둔다.

[전문개정 2016. 3. 29.]

제13조(구성) ① 금융통화위원회는 다음의 7명의 위원으로 구성한다.

1. 한국은행 총재
2. 한국은행 부총재
3. 기획재정부장관이 추천하는 위원 1명
4. 한국은행 총재가 추천하는 위원 1명
5. 금융위원회 위원장이 추천하는 위원 1명
6. 대한상공회의소 회장이 추천하는 위원 1명
7. 사단법인 전국은행연합회 회장이 추천하는 위원 1명

② 한국은행 총재(이하 "총재"라 한다)는 금융통화위원회 의장(이하 "의장"이라 한다)을 겸임한다.

③ 제1항제3호부터 제7호까지의 위원은 금융·경제 또는 산업에 관하여 풍부한 경험이 있거나 탁월한 지식을 가진 사람으로서 대통령령으로 정하는 바에 따라 추천기관의 추천을 받아 대통령이 임명한다.

④ 금융통화위원회 위원(이하 "위원"이라 한다)은 상임으로 한다.

[전문개정 2016. 3. 29.]

제13조(구성) ① 금융통화위원회는 다음의 7명의 위원으로 구성한다. 〈개정 2025. 10. 1.〉

1. 한국은행 총재

2. 한국은행 부총재

3. 재정경제부장관이 추천하는 위원 1명

4. 한국은행 총재가 추천하는 위원 1명

5. 금융위원회 위원장이 추천하는 위원 1명

6. 대한상공회의소 회장이 추천하는 위원 1명

7. 사단법인 전국은행연합회 회장이 추천하는 위원 1명

② 한국은행 총재(이하 "총재"라 한다)는 금융통화위원회 의장(이하 "의장"이라 한다)을 겸임한다.

③ 제1항제3호부터 제7호까지의 위원은 금융·경제 또는 산업에 관하여 풍부한 경험이 있거나 탁월한 지식을 가진 사람으로서 대통령령으로 정하는 바에 따라 추천기관의 추천을 받아 대통령이 임명한다.

④ 금융통화위원회 위원(이하 "위원"이라 한다)은 상임으로 한다.

[전문개정 2016. 3. 29.]

[시행일: 2026. 1. 2.] 제13조

제14조(의장) ① 의장은 금융통화위원회를 대표하며, 금융통화위원회의 회의를 주관하고 그 사무를 총괄한다.

② 의장이 부득이한 사유로 직무를 수행할 수 없을 때에는 금융통화위원회가 미리 정한 위원이 의장의 직무를 대행한다.

[전문개정 2016. 3. 29.]

제15조(위원의 임기) ① 제13조제1항제3호부터 제7호까지의 위원의 임기는 4년으로 하며, 연임할 수 있다. 〈개정 2018. 3. 13.〉

② 제13조제1항제3호부터 제7호까지의 위원 중 전임(前任)위원의

임기만료 즉시 임명되지 아니한 위원의 경우(전임위원과 추천기관이 같은 경우를 말한다) 제1항의 임기는 전임위원의 임기만료 즉시 개시된 것으로 본다. 〈신설 2018. 3. 13.〉

[전문개정 2016. 3. 29.]

제16조(보궐위원의 임기) 제13조제1항제3호부터 제7호까지의 위원에 결원이 생겼을 때에는 새로 임명하며, 새로 임명된 위원의 임기는 전임자 임기의 남은 기간으로 한다.

[전문개정 2016. 3. 29.]

제17조(위원의 결격사유) 다음 각 호의 어느 하나에 해당하는 사람은 위원이 될 수 없다.

1. 대한민국 국민이 아닌 사람
2. 「국가공무원법」 제33조 각 호의 어느 하나에 해당하는 사람

[전문개정 2016. 3. 29.]

제18조(위원의 신분보장 등) ① 위원은 다음 각 호의 어느 하나에 해당하는 경우를 제외하고는 임기 중 그 의사(意思)에 반하여 해임되지 아니한다.

1. 제17조 각 호의 어느 하나에 해당하는 경우
2. 심신의 장애로 인하여 직무를 수행할 수 없게 된 경우
3. 이 법에 따른 직무상의 의무를 위반하여 위원으로서의 직무수행이 부적당하게 된 경우

② 위원이 제1항의 사유로 해임되는 경우 해임되기 전에 위원으로서 한 행위는 그 효력을 상실하지 아니한다.

[전문개정 2016. 3. 29.]

제19조(정치활동의 금지) 위원은 「정당법」 제22조에도 불구하고 정당에 가입할 수 없으며, 정치운동에 관여할 수 없다.

[전문개정 2016. 3. 29.]

제20조(겸직 등의 금지) 위원은 재직 중 다음 각 호의 어느 하나에 해당하는 직(職)을 겸하거나 영리를 목적으로 하는 사업을 해서는 아니 된다.

1. 국회의원 또는 지방의회의원의 직
2. 국가공무원 또는 지방공무원의 직
3. 그 밖에 보수를 받는 직

[전문개정 2016. 3. 29.]

제2절 금융통화위원회의 운영 〈개정 2016. 3. 29.〉

제21조(회의) ① 금융통화위원회의 회의는 의장이 필요하다고 인정하는 경우 또는 위원 2명 이상이 요구하는 경우에 의장이 소집한다.

② 금융통화위원회의 회의는 이 법에 특별한 규정이 있는 경우를 제외하고는 위원 5명 이상의 출석과 출석위원 과반수의 찬성으로 의결한다.

③ 위원은 2명 이상의 찬성으로 의안을 발의할 수 있다. 다만, 의장은 단독으로 의안을 발의할 수 있다.

[전문개정 2016. 3. 29.]

제22조(출석 발언 등) ① 한국은행 부총재보는 금융통화위원회의 회의에 출석하여 발언할 수 있다.

② 금융통화위원회는 필요한 경우 관계 전문가 등을 회의에 출석

시켜 의견을 들을 수 있다.

[전문개정 2016. 3. 29.]

제23조(위원의 제척) 위원은 다음 각 호의 어느 하나에 해당하는 사항에 관한 심의·의결에서 제척(除斥)된다.

1. 자기와 직접적인 이해관계가 있는 사항

2. 배우자, 4촌 이내의 혈족 또는 2촌 이내의 인척의 관계에 있는 사람과 직접적인 이해관계가 있는 사항

[전문개정 2016. 3. 29.]

제24조(의결서 작성 등) ① 금융통화위원회가 의결을 하였을 때에는 의결서를 작성하여 의결에 참여한 위원이 기명(記名)하고 날인(捺印) 또는 서명(署名)하여야 한다.

② 금융통화위원회는 의사록을 작성하고, 금융통화위원회가 정하는 바에 따라 공개하여야 한다.

③ 제2항에도 불구하고 금융통화위원회는 국회 소관 상임위원회가 요구할 경우 다음 각 호의 어느 하나에 해당하는 자료를 비공개로 제출하여야 한다. 다만, 제2호의 경우에는 해당 금융통화위원회 개최 후 4년이 지난 경우로 한정한다.

1. 금융통화위원회 의결서

2. 익명으로 처리된 금융통화위원회 의사록 전문(全文)

[전문개정 2016. 3. 29.]

제25조(손해배상책임) ① 금융통화위원회가 고의 또는 중대한 과실로 인하여 한국은행에 손해를 끼친 경우에는 해당 회의에 출석한 모든 위원은 한국은행에 대하여 연대(連帶)하여 손해배상책임을 진

다. 다만, 그 회의에서 명백히 반대의사를 표시한 위원은 그러하지 아니하다.

② 제1항에 따른 손해배상을 위한 소송에서는 감사가 한국은행을 대표한다.

[전문개정 2016. 3. 29.]

제26조(긴급조치) ① 총재는 내우외환·천재지변 또는 중대한 재정상·경제상의 위기로 인하여 통화신용정책에 관하여 긴급조치가 필요한 경우로서 금융통화위원회를 소집할 시간적 여유가 없을 때에는 금융통화위원회의 권한 범위에서 필요한 조치를 할 수 있다.

② 총재는 제1항에 따라 조치를 하였을 때에는 지체 없이 금융통화위원회의 회의를 소집하고 그 내용을 보고하여야 한다.

③ 금융통화위원회는 제1항에 따른 조치를 확인·수정 또는 정지할 수 있다.

[전문개정 2016. 3. 29.]

제27조(회의 운영) 금융통화위원회의 회의 운영에 필요한 사항은 대통령령으로 정한다.

[전문개정 2016. 3. 29.]

제3절 금융통화위원회의 권한 〈개정 2016. 3. 29.〉

제28조(통화신용정책에 관한 의결) 금융통화위원회는 통화신용정책에 관한 다음 각 호의 사항을 심의·의결한다.

1. 한국은행권(韓國銀行券) 발행에 관한 기본적인 사항
2. 금융기관의 지급준비율, 최저지급준비금의 보유기간 및 보유방법

3. 한국은행의 금융기관에 대한 재할인 또는 그 밖의 여신업무(與信業務)의 기준 및 이자율

4. 한국은행의 금융기관에 대한 긴급여신에 관한 기본적인 사항

5. 한국은행이 여신을 거부할 수 있는 금융기관의 지정

6. 공개시장에서의 한국은행의 국채 또는 정부보증증권 등의 매매 및 대차(貸借)에 관한 기본적인 사항

7. 한국은행통화안정증권의 발행 · 매출 · 환매(還買) 및 상환(償還) 등에 관한 기본적인 사항

8. 한국은행통화안정계정의 설치 및 운용에 관한 기본적인 사항

9. 금융기관으로부터의 자금조달에 중대한 애로가 발생하거나 발생할 가능성이 높은 경우 금융기관 외의 영리기업에 대한 여신의 기본적인 사항

10. 제81조에 따른 지급결제제도의 운영 · 관리에 관한 기본적인 사항

11. 금융기관 및 지급결제제도 운영기관에 대한 자료 제출 요구. 다만, 통화신용정책의 수립 및 지급결제제도의 원활한 운영을 위하여 필요한 경우로 한정한다.

12. 제81조의2에 따른 일시적인 결제부족자금의 지원에 관한 사항

13. 제87조에 따른 금융기관 등에 대한 자료 제출 요구. 다만, 통화신용정책의 수립을 위하여 필요한 경우로 한정한다.

14. 금융감독원에 대한 금융기관 검사 및 공동검사 요구. 다만, 통화신용정책의 수립을 위하여 필요한 경우로 한정한다.

15. 금융기관의 각종 예금에 대한 이자나 그 밖의 지급금의 최고율

16. 금융기관의 각종 대출 등 여신업무에 대한 이자나 그 밖의 요금의 최고율

17. 금융기관 대출의 최장기한 및 담보의 종류에 대한 제한

18. 극심한 통화팽창기(通貨膨脹期) 등 국민경제상 절실한 경우 일정한 기간 내의 금융기관의 대출과 투자의 최고한도 또는 분야별 최고한도의 제한

19. 극심한 통화팽창기 등 국민경제상 절실한 경우 금융기관의 대출에 대한 사전 승인

20. 그 밖에 이 법과 다른 법률에서 금융통화위원회의 권한으로 규정된 사항

[전문개정 2016. 3. 29.]

제29조(한국은행의 운영에 관한 의결) 금융통화위원회는 한국은행의 운영에 관한 다음 각 호의 사항을 심의·의결한다.

1. 한국은행의 정관 변경에 관한 사항

2. 한국은행의 조직 및 기구에 관한 사항

3. 한국은행의 예산 및 결산에 관한 사항

4. 한국은행 소속 직원의 보수기준에 관한 사항

5. 그 밖에 한국은행의 운영과 관련하여 이 법 또는 정관에서 금융통화위원회의 권한으로 규정된 사항

[전문개정 2016. 3. 29.]

제30조(규정의 제정) 금융통화위원회는 그 직무를 수행하기 위하여 필요한 규정(規程)을 제정할 수 있다.

[전문개정 2016. 3. 29.]

제31조(위원 업무의 보좌) 금융통화위원회는 한국은행 소속 직원으로 하여금 위원의 업무를 보좌하게 할 수 있다.

[전문개정 2016. 3. 29.]

제3장 집행기관 및 감사 〈개정 2016. 3. 29.〉

제1절 집행기관 〈개정 2016. 3. 29.〉

제32조(집행간부) 한국은행에 집행간부로서 총재 및 부총재 각 1명과 부총재보 5명 이내를 둔다.

[전문개정 2016. 3. 29.]

제33조(총재) ① 총재는 국무회의 심의와 국회 인사청문을 거쳐 대통령이 임명한다.

② 총재의 임기는 4년으로 하며, 한 차례만 연임할 수 있다.

[전문개정 2016. 3. 29.]

제34조(총재의 권한과 의무) ① 총재는 한국은행을 대표하고 그 업무를 총괄한다.

② 총재는 금융통화위원회가 수립한 정책을 수행하며, 이 법과 정관에 따라 부여된 그 밖의 권한을 행사한다.

③ 총재는 금융통화위원회가 유의하여야 할 사항을 수시로 통보하며, 금융통화위원회의 심의·의결을 위하여 필요한 자료와 의견을 제공할 의무를 진다.

[전문개정 2016. 3. 29.]

제35조(대리인의 선임) ① 총재는 부총재·부총재보 및 직원 중에서 한국은행의 업무에 관하여 재판상 또는 재판 외의 모든 행위를 할

권한이 있는 대리인을 선임할 수 있다.

② 제1항에 따라 재판상 대리인으로 선임될 수 있는 직원의 범위는 대통령령으로 정한다.

[전문개정 2016. 3. 29.]

第36조(부총재) ① 부총재는 총재가 추천하여 대통령이 임명한다.

② 부총재의 임기는 3년으로 하며, 한 차례만 연임할 수 있다.

[전문개정 2016. 3. 29.]

第36조의2(부총재보) ① 부총재보는 총재가 임명한다.

② 부총재보의 임기는 3년으로 하며, 한 차례만 연임할 수 있다.

[전문개정 2016. 3. 29.]

第37조(부총재 등의 직무) 부총재는 총재를 보좌하고, 부총재보는 총재와 부총재를 보좌하며, 각자 정관으로 정하는 바에 따라 업무를 나누어 맡는다.

[전문개정 2016. 3. 29.]

第38조(부총재보의 해임) 총재는 부총재보가 다음 각 호의 어느 하나에 해당하는 경우에는 해임할 수 있다.

1. 파산선고를 받은 경우

2. 금고 이상의 형 또는 이 법이나 그 밖의 금융 관련 법령(외국의 금융 관련 법령을 포함한다)에 따라 벌금 이상의 형을 선고받은 경우

3. 심신의 장애로 인하여 직무를 수행할 수 없게 된 경우

4. 이 법이나 이 법에 따른 명령 또는 정관을 위반한 경우

[전문개정 2016. 3. 29.]

第39조(직원의 임면) 한국은행의 직원은 총재가 임면(任免)한다.

[전문개정 2016. 3. 29.]

第40조(집행기관의 책무) ① 총재·부총재·부총재보 및 직원은 금융통화위원회가 수립한 통화신용정책을 성실히 집행하여야 한다.

② 금융통화위원회는 총재·부총재·부총재보 및 직원의 업무수행에 대하여 필요한 경우 총재에게 시정을 요구하거나 징계를 요구할 수 있다.

[전문개정 2016. 3. 29.]

第41조(겸직 제한) 총재·부총재·부총재보 및 직원은 그 직무 외의 영리를 목적으로 하는 업무에 종사할 수 없으며, 해당 임명권자의 승인을 받지 아니하고는 다른 직무를 겸할 수 없다.

[전문개정 2016. 3. 29.]

第42조(청렴 및 비밀유지 의무) ① 총재·부총재·부총재보 및 직원은 금융기관 또는 그 기관의 임직원에게 여신을 강요하거나 금품이나 그 밖의 이익을 받아서는 아니 된다.

② 총재·부총재·부총재보 및 직원 또는 그 직에 있었던 사람은 직무상 알게 된 정보를 다른 사람에게 누설하거나 직무 외의 목적으로 사용해서는 아니 된다.

[전문개정 2016. 3. 29.]

제2절 감사 〈개정 2016. 3. 29.〉

第43조(임명) ① 한국은행에 감사(監事) 1명을 둔다.

② 감사는 기획재정부장관의 추천으로 대통령이 임명한다.

[전문개정 2016. 3. 29.]

제43조(임명) ① 한국은행에 감사(監事) 1명을 둔다.

② 감사는 재정경제부장관의 추천으로 대통령이 임명한다. 〈개정 2025. 10. 1.〉

[전문개정 2016. 3. 29.]

[시행일: 2026. 1. 2.] 제43조

제44조(임기) 감사의 임기는 3년으로 하며, 한 차례만 연임할 수 있다.

[전문개정 2016. 3. 29.]

제45조(임무) ① 감사는 한국은행의 업무를 상시 감사(監査)하며, 그 결과를 수시로 금융통화위원회에 보고하여야 한다.

② 감사는 매년 종합감사보고서를 작성하여 정부와 금융통화위원회에 제출하여야 한다.

③ 총재는 감사의 직무수행상 필요한 직원의 임면에 관하여 감사와 협의하여야 한다. 다만, 정관으로 정하는 하급 직원의 임면에 관하여는 그러하지 아니하다.

[전문개정 2016. 3. 29.]

제46조(감사의 겸직 제한 등) 감사의 해임, 겸직 제한, 청렴 및 비밀유지 의무에 관하여는 제38조, 제41조 및 제42조를 준용한다.

[전문개정 2016. 3. 29.]

제4장 한국은행의 업무 〈개정 2016. 3. 29.〉

제1절 한국은행권의 발행 〈개정 2016. 3. 29.〉

제47조(화폐의 발행) 화폐의 발행권은 한국은행만이 가진다.

[전문개정 2016. 3. 29.]

제47조의2(화폐단위) ① 대한민국의 화폐단위는 원으로 한다.

② 원은 계산의 단위가 되고 100전으로 분할된다.

③ 원은 영문으로 WON으로 표기한다.

④ 전은 영문으로 JEON으로 표기한다.

[본조신설 2012. 3. 21.]

제48조(한국은행권의 통용) 한국은행이 발행한 한국은행권은 법화(法貨)로서 모든 거래에 무제한 통용된다.

[전문개정 2016. 3. 29.]

제49조(한국은행권의 권종 등) 한국은행은 정부의 승인을 받아 금융통화위원회가 정하는 바에 따라 어떠한 규격 · 모양 및 권종(券種)의 한국은행권도 발행할 수 있다.

[전문개정 2016. 3. 29.]

제49조의2(위조 · 변조된 한국은행권의 집중 관리) ① 한국은행은 위조되거나 변조(變造)된 한국은행권에 대한 수사 및 재판이 끝난 후에는 그 위조 또는 변조된 한국은행권을 한국은행에 집중하여 관리할 수 있다.

② 제1항에 따른 위조 또는 변조된 한국은행권의 집중 관리를 위하여 필요한 사항은 한국은행이 관계 기관과 협의하여 정한다.

[전문개정 2016. 3. 29.]

제50조(한국은행 보유 한국은행권) 한국은행이 보유하는 한국은행권은 한국은행의 자산 또는 부채가 되지 아니한다.

[전문개정 2016. 3. 29.]

第51조(한국은행의 채권회수 등) ① 한국은행은 한국은행권으로 채권을 회수하며 한국은행권으로 예금을 받아야 한다. 다만, 예금거래는 한국은행에 예금할 수 있는 자로 한정한다.

② 한국은행은 예금자의 요구에 의하여 즉시 한국은행권으로 예금을 돌려주어야 한다. 다만, 환급기(還給期)에 관하여 약정이 있는 경우에는 그 환급기가 된 후 돌려준다.

[전문개정 2016. 3. 29.]

第52조(한국은행권의 교환 등) ① 한국은행은 보유하고 있는 한국은행권의 사정이 허용하는 한 한국은행권 권종 간의 교환 요구에 따라야 한다.

② 한국은행은 훼손·오염 또는 그 밖의 사유로 통용에 적합하지 아니한 한국은행권을 신권(新券)으로 교환하여야 한다.

[전문개정 2016. 3. 29.]

第53조(주화의 발행) ① 한국은행은 주화(鑄貨)를 발행할 수 있다.

② 제1항에 따른 주화에 관하여는 제48조, 제49조, 제49조의2 및 제50조부터 제52조까지의 규정을 준용한다.

[전문개정 2016. 3. 29.]

第53조의2(주화의 훼손 금지) 누구든지 한국은행의 허가 없이 영리를 목적으로 주화를 다른 용도로 사용하기 위하여 융해·분쇄·압착 또는 그 밖의 방법으로 훼손해서는 아니 된다.

[전문개정 2016. 3. 29.]

第53조의3(기념화폐의 발행) 한국은행은 널리 업적을 기릴 필요가 있는 인물이나, 국내외적으로 뜻깊은 사건 또는 행사, 「국가유산기본법」 제3조에 따른 국가유산 등을 기념하기 위한 한국은행권 또는 주화를 발행할 수 있다. 〈개정 2023. 5. 16.〉

[본조신설 2012. 3. 21.]

제2절 금융기관의 예금과 지급준비 〈개정 2016. 3. 29.〉

제54조(한국은행의 예금 수입) 한국은행은 금융기관의 예금을 받을 수 있다.

[전문개정 2016. 3. 29.]

제55조(지급준비금의 예치 등) ① 금융기관은 예금채무와 그 밖에 대통령령으로 정하는 채무(이하 "지급준비금 적립대상 채무"라 한다)에 대하여 제56조에 따른 지급준비율을 적용하여 산정한 금액 이상의 금액을 지급준비금으로 보유하여야 한다.

② 제1항에 따른 지급준비금에 대해서는 금융통화위원회가 정하는 바에 따라 이자를 지급할 수 있다.

[전문개정 2016. 3. 29.]

제56조(지급준비율의 결정 등) ① 금융통화위원회는 각 금융기관이 보유하여야 할 지급준비금의 최저율(이하 "지급준비율"이라 한다)을 정하며, 필요하다고 인정할 때에는 이를 변경할 수 있다.

② 지급준비율은 제57조에서 규정하는 경우를 제외하고는 100분의 50 이하로 하며, 모든 금융기관에 일률적으로 적용한다.

[전문개정 2016. 3. 29.]

제57조(한계지급준비금) 금융통화위원회는 현저한 통화팽창기에 필요하다고 인정하는 경우에는 금융통화위원회가 지정하는 날의 지급

준비금 적립대상 채무액을 초과하는 증가액에 대하여 지급준비율을 적용하여 산정한 금액을 초과하여 전액까지를 최저지급준비금으로 추가로 보유하도록 요구할 수 있다.

[전문개정 2016. 3. 29.]

제58조(지급준비금 적립대상 채무의 종류별·규모별 지급준비율) 금융통화위원회는 필요하다고 인정하는 경우에는 제55조 및 제57조의 범위에서 지급준비금 적립대상 채무의 종류별 및 규모별로 지급준비율을 달리 정할 수 있다.

[전문개정 2016. 3. 29.]

제59조(최저지급준비금의 계산) ① 각 금융기관이 보유할 최저지급준비금은 금융통화위원회가 정하는 바에 따라 월별로 계산한다.

② 각 금융기관의 최저지급준비금은 대한민국에 있는 그 본점·지점 및 출장소를 종합하여 계산한다.

[전문개정 2016. 3. 29.]

제60조(과태금의 부과 등) ① 제28조제2호에 따라 금융통화위원회가 정한 최저지급준비금 보유기간 중 보유한 지급준비금이 제59조에 따라 산출된 최저지급준비금에 미치지 못한 경우에는 해당 금융기관은 그 최저지급준비금 보유기간 동안의 평균 부족액의 50분의 1에 해당하는 과태금을 한국은행에 내야 한다.

② 지급준비금 부족이 연속하여 3기(期)의 최저지급준비금 보유기간에 걸쳐 계속된 경우에는 금융통화위원회는 해당 금융기관에 대하여 최저지급준비금을 1기의 최저지급준비금 보유기간 이상 보유할 때까지 신규의 대출·투자 또는 주주에 대한 배당금의 지급 등을 금

지할 수 있다.

[전문개정 2016. 3. 29.]

제61조(지급준비율의 인상) 금융통화위원회가 지급준비율을 인상하는 경우에는 점진적으로 하여야 하며, 모든 금융기관에 사전에 통보하여야 한다.

[전문개정 2016. 3. 29.]

제62조(지급준비금의 사용) 한국은행에 보유된 지급준비금은 금융통화위원회가 정하는 바에 따라 한국은행 또는 다른 금융기관에 대한 결제자금으로 사용할 수 있다.

[전문개정 2016. 3. 29.]

제63조(지급준비자산제도) 금융통화위원회는 필요하다고 인정하는 경우 대통령령으로 정하는 바에 따라 금융기관에 지급준비금과는 별도의 지급준비자산을 보유하도록 요구할 수 있다.

[전문개정 2016. 3. 29.]

제3절 금융기관에 대한 대출 〈개정 2016. 3. 29.〉

제64조(금융기관에 대한 여신업무) ① 한국은행은 금융통화위원회가 정하는 바에 따라 금융기관에 대하여 다음 각 호의 여신업무를 할 수 있다.

1. 금융기관이 받은 약속어음·환어음 또는 그 밖의 신용증권의 재할인·할인 및 매매. 다만, 한국은행이 취득한 날부터 1년 이내에 만기가 되는 증권으로 한정한다.

2. 다음 각 목의 어느 하나에 해당하는 증권을 담보로 하는 1년

이내의 기한부(期限附) 대출

가. 제1호의 신용증권

나. 정부의 채무 또는 정부가 보증한 채무를 표시하는 유통증권

다. 한국은행의 채무를 표시하는 유통증권

라. 그 밖에 금융통화위원회가 정한 증권

② 제1항에 따라 재할인ㆍ할인 또는 매입하거나 담보로서 취득한 신용증권에는 그 증권을 제공한 금융기관의 배서(背書)가 있거나 양도증서가 첨부되어야 한다.

[전문개정 2016. 3. 29.]

제65조(금융기관에 대한 긴급여신) ① 한국은행은 다음 각 호의 어느 하나에 해당하는 경우에는 위원 4명 이상의 찬성으로 금융기관에 대한 긴급여신을 할 수 있다. 이 경우 제64조제1항에 따른 담보 외에 임시로 적격성을 부여한 자산도 담보로 할 수 있다.

1. 자금 조달 및 운용의 불균형 등으로 유동성이 악화된 금융기관에 긴급히 여신을 하는 경우

2. 전산정보처리조직의 장애나 그 밖의 우발적 사고 등으로 인하여 금융기관에 지급자금의 일시적 부족이 발생함으로써 업무수행에 현저한 지장이 초래될 것으로 인정되어 일시적으로 여신을 하는 경우

② 제1항제1호에 따라 여신을 받은 금융기관에 대해서는 이를 상환할 때까지 금융통화위원회가 대출과 투자를 제한할 수 있다.

③ 한국은행은 제1항에 따른 여신과 관련하여 필요하다고 인정하는 경우에는 해당 금융기관의 업무와 재산상황을 조사ㆍ확인할 수 있다.

④ 금융통화위원회는 제1항에 따른 긴급여신을 의결하려는 경우 정부의 의견을 들어야 한다.

[전문개정 2016. 3. 29.]

제66조(한국은행의 융자 거부 등) ① 한국은행에 융자를 신청한 금융기관이 다른 금융기관에 비하여 한국은행의 여신에 지나치게 의존하여 왔거나 불건전한 대출방침 또는 투자방침을 지속하여 왔다고 금융통화위원회가 인정하는 경우 한국은행은 해당 금융기관에 대한 융자를 거부할 수 있다.

② 금융통화위원회는 제1항에 해당되는 금융기관에 여신을 허용하는 경우 해당 금융기관에 대한 여신에 적용하는 할인율 또는 이율을 인상할 수 있다.

[전문개정 2016. 3. 29.]

제67조(한국은행의 여신 제한) 한국은행은 극심한 통화팽창기에는 금융기관에 대한 여신을 제한하여야 하며, 부득이한 경우에만 신규로 여신하되 조속히 여신액을 감축하도록 노력하여야 한다.

[전문개정 2016. 3. 29.]

제4절 공개시장에서의 증권 매매 등 〈개정 2016. 3. 29.〉

제68조(공개시장 조작) ① 한국은행은 금융통화위원회가 정하는 바에 따라 통화신용정책을 수행하기 위하여 자기계산으로 다음 각 호의 증권을 공개시장에서 매매하거나 대차할 수 있다.

1. 국채(國債)
2. 원리금 상환을 정부가 보증한 유가증권

3. 그 밖에 금융통화위원회가 정한 유가증권

② 제1항 각 호의 유가증권은 자유롭게 유통되고 발행조건이 완전히 이행되고 있는 것으로 한정한다.

[전문개정 2016. 3. 29.]

제69조(한국은행통화안정증권) ① 한국은행은 법률과 금융통화위원회가 정하는 바에 따라 한국은행통화안정증권(이하 "통화안정증권"이라 한다)을 공개시장에서 발행할 수 있다.

② 한국은행은 통화안정증권을 환매하거나 만기일 전에 액면금액으로 추첨상환(抽籤償還)할 수 있다.

③ 통화안정증권의 이율·만기일 및 상환조건에 관한 사항은 금융통화위원회가 정한다.

④ 제2항에 따른 추첨상환은 금융통화위원회가 필요하다고 인정할 경우에만 할 수 있다.

⑤ 한국은행은 환매하거나 상환한 통화안정증권을 지체 없이 회수하여 폐기하여야 한다. 다만, 환매도(還賣渡)를 조건으로 매입하는 경우에는 그러하지 아니하다.

⑥ 한국은행이 보유하는 통화안정증권에 관하여는 제50조를 준용한다. 다만, 환매도를 조건으로 매입하는 경우에는 그러하지 아니하다.

[전문개정 2016. 3. 29.]

제70조(한국은행통화안정계정의 설치) ① 한국은행은 금융통화위원회가 정하는 바에 따라 한국은행통화안정계정을 설치하여 금융기관으로 하여금 그 계정에 예치하게 할 수 있다.

② 한국은행통화안정계정에 예치된 금액은 제4장제2절의 규정에

따른 지급준비금으로 보지 아니한다.

[전문개정 2016. 3. 29.]

제5절 정부 및 정부대행기관과의 업무 〈개정 2016. 3. 29.〉

제71조(예수기관) 한국은행은 대한민국 국고금의 예수기관(預受機關)으로서 「국고금 관리법」에서 정하는 바에 따라 국고금을 취급한다.

[전문개정 2016. 3. 29.]

제72조(보호예수업무) 한국은행은 정부에 속하는 증권, 문서, 그 밖의 고가물(高價物)을 보호예수할 수 있다.

[전문개정 2016. 3. 29.]

제73조(국가사무 취급) 한국은행은 법령에서 정하는 바에 따라 국가의 수입 징수를 보조하며, 국채의 발행·매각·상환 또는 그 밖의 사무를 취급할 수 있다.

[전문개정 2016. 3. 29.]

제74조(수수료) 한국은행은 정부의 사무취급에 대하여 실비(實費)의 범위에서 요금 또는 수수료를 청구할 수 있다.

[전문개정 2016. 3. 29.]

제75조(대정부 여신 등) ① 한국은행은 정부에 대하여 당좌대출 또는 그 밖의 형식의 여신을 할 수 있으며, 정부로부터 국채를 직접 인수할 수 있다.

② 제1항에 따른 여신과 직접 인수한 국채의 총액은 금융기관과 일반에 대하여 정부가 부담하는 모든 채무를 합하여 국회가 의결한 기채(起債) 한도를 초과할 수 없다.

③ 제1항에 따른 여신에 대한 이율이나 그 밖의 조건은 금융통화위원회가 정한다.

[전문개정 2016. 3. 29.]

제76조(정부보증채권의 직접인수) ① 한국은행은 원리금 상환에 대하여 정부가 보증한 채권을 직접 인수할 수 있다.

② 제1항의 인수에 대한 이율이나 그 밖의 조건은 금융통화위원회가 정한다.

[전문개정 2016. 3. 29.]

제77조(정부대행기관과의 여신 · 수신업무) ① 한국은행은 정부대행기관의 예금을 받고, 이에 대하여 대출할 수 있다.

② 제1항에서 "정부대행기관"이란 생산 · 구매 · 판매 또는 배급에 있어서 정부를 위하여 공공의 사업 또는 기능을 수행하는 법인으로서 정부가 지정한 법인을 말한다.

③ 제1항에 따른 대출은 그 원리금 상환에 대하여 정부가 보증한 경우로 한정한다.

④ 금융통화위원회는 한국은행의 정부대행기관에 대한 대출이율이나 그 밖의 조건을 정한다.

[전문개정 2016. 3. 29.]

제78조(정부대행기관에 대한 여신 제한) 한국은행은 통화팽창기에 정부대행기관에 대한 여신의 억제와 여신액의 감축을 위하여 노력하여야 한다.

[전문개정 2016. 3. 29.]

제6절 민간에 대한 업무 〈개정 2016. 3. 29.〉

제79조(민간과의 거래 제한) 한국은행은 이 법에서 정하는 경우를 제외하고는 정부·정부대행기관 또는 금융기관 외의 법인이나 개인과 예금 또는 대출의 거래를 하거나 정부·정부대행기관 또는 금융기관 외의 법인이나 개인의 채무를 표시하는 증권을 매입할 수 없다. 다만, 한국은행은 금융통화위원회가 정하는 바에 따라 업무수행에 필요하다고 인정하는 법인과 예금거래를 할 수 있다.

[전문개정 2016. 3. 29.]

제80조(영리기업에 대한 여신) ① 금융기관의 신용공여(信用供與)가 크게 위축되는 등 금융기관으로부터의 자금조달에 중대한 애로가 발생하거나 발생할 가능성이 높은 경우 한국은행은 제79조에도 불구하고 위원 4명 이상의 찬성으로 금융기관이 아닌 자로서 금융업을 하는 자 등 영리기업에 여신할 수 있다.

② 제1항에 따른 여신에 대해서는 금융통화위원회가 지정하는 조건을 준수하여야 한다.

③ 제1항에 따라 여신을 하는 경우에는 제65조제3항 및 제4항을 준용한다.

[전문개정 2016. 3. 29.]

제7절 지급결제업무 〈개정 2016. 3. 29.〉

제81조(지급결제업무) ① 한국은행은 지급결제제도의 안전성과 효율성을 도모하기 위하여 한국은행이 운영하는 지급결제제도에 관하여 필요한 사항을 정할 수 있다.

② 한국은행은 한국은행 외의 자가 운영하는 지급결제제도에 대하여 필요한 경우 해당 운영기관 또는 감독기관에 운영기준 개선 등을 요청할 수 있다.

③ 한국은행은 지급결제제도의 원활한 운영을 위하여 제2항에 따른 지급결제제도의 운영기관에 지급결제 관련 자료를 요구할 수 있다. 이 경우 요구를 받은 기관은 이에 따라야 한다.

④ 한국은행은 제1항에 따른 지급결제제도의 참가기관에 필요한 자료의 제출을 요구할 수 있다.

[전문개정 2016. 3. 29.]

제81조의2(일시 결제부족자금의 지원) 한국은행은 금융통화위원회가 정하는 바에 따라 한국은행이 직접 운영하는 지급결제제도의 참가기관에 일중(日中)의 일시적인 결제부족자금을 지원할 수 있다.

[전문개정 2016. 3. 29.]

제8절 그 밖의 업무 〈개정 2016. 3. 29.〉

제82조(외국환업무 등) 한국은행은 기획재정부장관의 인가를 받아 다음 각 호의 어느 하나에 해당하는 업무를 수행할 수 있다.

1. 외국환업무 및 외국환의 보유

2. 외국의 금융기관, 국제금융기구, 외국정부와 그 대행기관 또는 국제연합기구로부터의 예금의 수입(受入)

3. 귀금속의 매매

[전문개정 2016. 3. 29.]

<u>제82조(외국환업무 등) 한국은행은 재정경제부장관의 인가를 받아</u>

다음 각 호의 어느 하나에 해당하는 업무를 수행할 수 있다. 〈개정 2025. 10. 1.〉

1. 외국환업무 및 외국환의 보유

2. 외국의 금융기관, 국제금융기구, 외국정부와 그 대행기관 또는 국제연합기구로부터의 예금의 수입(受入)

3. 귀금속의 매매

[전문개정 2016. 3. 29.]

[시행일: 2026. 1. 2.] 제82조

제82조의2(외화표시 자산의 운용 절차) 총재는 외화표시 자산의 운용과 관련된 주요 계획에 관하여 미리 금융통화위원회의 의견을 들어야 한다.

[전문개정 2016. 3. 29.]

제83조(환율정책 등에 대한 협의) 한국은행은 정부의 환율정책, 외국환은행의 외화 여신·수신업무 및 외국환 매입·매도 초과액의 한도 설정에 관한 정책에 대하여 협의하는 기능을 수행한다.

[전문개정 2016. 3. 29.]

제84조(환거래계약) 한국은행은 금융통화위원회가 정하는 바에 따라 금융기관과 환거래계약을 할 수 있다.

[전문개정 2016. 3. 29.]

제85조(국제기구에서의 정부대표) 한국은행은 정부의 지시에 따라 대한민국이 회원으로 가입한 국제통화기구 또는 금융기구와의 사무·교섭 및 거래에서 정부를 대표한다.

[전문개정 2016. 3. 29.]

제86조(통계자료의 수집·작성 등) 한국은행은 통화신용정책의 수립에 필요한 통화·은행업무·재정·물가·임금·생산·국제수지 또는 그 밖의 경제 일반에 관한 통계자료의 수집·작성과 경제에 관한 조사를 할 수 있으며, 이를 위하여 필요한 자료와 정보를 정부기관이나 지방자치단체, 법인 또는 개인에게 요구할 수 있다. 〈개정 2018. 3. 13.〉

[전문개정 2016. 3. 29.]

제5장 금융기관 검사 요구 등 〈개정 2016. 3. 29.〉

제87조(자료제출요구권) 한국은행은 금융통화위원회가 통화신용정책 수행을 위하여 필요하다고 인정하는 경우 다음 각 호의 자에게 자료 제출을 요구할 수 있다. 이 경우 요구하는 자료는 자료 제출을 요구받는 자의 업무부담을 충분히 고려하여 필요한 최소한의 범위로 한정하여야 한다.

1. 금융기관
2. 금융기관이 아닌 자로서 금융업을 하는 자 중 한국은행과 당좌예금거래약정을 체결한 자
3. 제1호와 제2호 모두에 속하지 아니하는 자로서 「금융산업의 구조개선에 관한 법률」 제2조에 따른 금융기관 중 자산규모 등을 고려하여 대통령령으로 정하는 자

[전문개정 2016. 3. 29.]

제88조(검사 및 공동검사의 요구 등) ① 한국은행은 금융통화위원회가 통화신용정책 수행을 위하여 필요하다고 인정하는 경우 「금융위

원회의 설치 등에 관한 법률」에 따라 설립된 금융감독원(이하 "금융감독원"이라 한다)에 구체적 범위를 정하여 금융기관에 대한 검사를 요구할 수 있으며, 필요시 한국은행 소속 직원이 금융감독원의 금융기관 검사에 공동으로 참여할 수 있도록 요구할 수 있다. 이 경우 금융감독원은 대통령령으로 정하는 바에 따라 지체 없이 이에 따라야 한다.

② 한국은행은 금융감독원에 제1항에 따른 검사 결과의 송부를 요청하거나 검사 결과에 따라 금융기관에 대한 필요한 시정조치를 요청할 수 있다. 이 경우 금융감독원은 이에 따라야 한다.

[전문개정 2016. 3. 29.]

제89조(재의요구권) ① 금융통화위원회는 금융위원회가 통화신용정책과 직접 관련되는 금융감독상의 조치를 하는 경우 이의가 있을 때에는 재의(再議)를 요구할 수 있다.

② 제1항에 따른 재의 요구가 있는 경우에 금융위원회가 재적위원 3분의 2 이상의 찬성으로 전과 같은 의결을 하였을 때에는 제1항의 조치는 확정된다.

[전문개정 2016. 3. 29.]

제6장 정부 등과의 관계 〈개정 2016. 3. 29.〉

제90조(총재의 국무회의 출석) ① 총재는 금융통화에 관한 사항에 대하여 국무회의에 출석하여 발언할 수 있다.

② 정부는 총재에게 국무회의에 출석할 것을 요구할 수 있다.

[전문개정 2016. 3. 29.]

제91조(열석 발언) 기획재정부차관 또는 금융위원회 부위원장은 금융통화위원회 회의에 열석(列席)하여 발언할 수 있다. 다만, 금융위원회 부위원장의 경우에는 금융위원회 소관 사항에 한정하여 열석하여 발언할 수 있다.

[전문개정 2016. 3. 29.]

제91조(열석 발언) 재정경제부차관 또는 금융위원회 부위원장은 금융통화위원회 회의에 열석(列席)하여 발언할 수 있다. 다만, 금융위원회 부위원장의 경우에는 금융위원회 소관 사항에 한정하여 열석하여 발언할 수 있다. 〈개정 2025. 10. 1.〉

[전문개정 2016. 3. 29.]

[시행일: 2026. 1. 2.] 제91조

제92조(재의 요구) ① 기획재정부장관은 금융통화위원회의 의결이 정부의 경제정책과 상충된다고 판단되는 경우에는 재의를 요구할 수 있다.

② 제1항에 따른 재의 요구가 있는 경우에 금융통화위원회가 위원 5명 이상의 찬성으로 전과 같은 의결을 하였을 때에는 대통령이 이를 최종 결정한다.

③ 기획재정부장관은 제1항에 따른 요구를 할 때에 대통령령으로 정하는 바에 따라 이를 즉시 공표하여야 한다.

[전문개정 2016. 3. 29.]

제92조(재의 요구) ① 재정경제부장관은 금융통화위원회의 의결이 정부의 경제정책과 상충된다고 판단되는 경우에는 재의를 요구할 수 있다. 〈개정 2025. 10. 1.〉

② 제1항에 따른 재의 요구가 있는 경우에 금융통화위원회가 위원 5명 이상의 찬성으로 전과 같은 의결을 하였을 때에는 대통령이 이를 최종 결정한다.

③ 재정경제부장관은 제1항에 따른 요구를 할 때에 대통령령으로 정하는 바에 따라 이를 즉시 공표하여야 한다. 〈개정 2025. 10. 1.〉

[전문개정 2016. 3. 29.]

[시행일: 2026. 1. 2.] 제92조

제93조(정책 수립 시의 자문) 정부는 금융통화에 관한 중요한 정책을 수립할 때에는 금융통화위원회의 의견을 들어야 한다.

[전문개정 2016. 3. 29.]

제94조(자료 협조) 기획재정부장관과 금융통화위원회 및 금융위원회는 정책 수립에 필요하다고 인정하는 경우 상호간에 자료를 요청할 수 있다. 이 경우 특별한 사유가 없으면 이에 따라야 한다.

[전문개정 2016. 3. 29.]

제94조(자료 협조) 재정경제부장관과 금융통화위원회 및 금융위원회는 정책 수립에 필요하다고 인정하는 경우 상호간에 자료를 요청할 수 있다. 이 경우 특별한 사유가 없으면 이에 따라야 한다. 〈개정 2025. 10. 1.〉

[전문개정 2016. 3. 29.]

[시행일: 2026. 1. 2.] 제94조

제95조(감사원의 감사) 한국은행은 매년 감사원의 감사를 받는다.

[전문개정 2016. 3. 29.]

제96조(국회 보고 등) ① 한국은행은 매년 2회 이상 통화신용정책의

수행상황과 거시 금융안정상황에 대한 평가보고서를 작성하여 국회에 제출하여야 한다.

② 총재는 국회 또는 그 위원회가 제1항에 따라 제출한 보고서와 관련하여 출석을 요구하는 경우에는 출석하여 답변하여야 한다.

[전문개정 2016. 3. 29.]

제7장 회계 등 〈개정 2016. 3. 29.〉

제1절 회계 〈개정 2016. 3. 29.〉

제97조(회계연도) 한국은행의 회계연도는 정부의 회계연도에 따른다.

[전문개정 2016. 3. 29.]

제98조(예산ㆍ결산) ① 한국은행의 매 회계연도 예산은 금융통화위원회의 의결을 거쳐 확정한다.

② 한국은행은 제1항의 예산 중 급여성 경비 등 대통령령으로 정하는 예산에 대해서는 미리 기획재정부장관의 승인을 받아야 한다. 이 경우 지체 없이 국회 소관 상임위원회에 보고하여야 한다.

③ 한국은행은 해당 회계연도 개시 60일 전까지 기획재정부장관에게 제2항에 따른 예산의 예산서를 제출하여야 한다.

④ 총재는 회계연도가 끝난 후 2개월 이내에 외부감사를 받은 해당 연도 결산서(재무제표와 그 부속명세서 및 「공인회계사법」 제23조에 따른 회계법인의 감사보고서를 포함한다)를 국회 소관 상임위원회와 기획재정부장관에게 각각 제출하여야 한다.

[전문개정 2016. 3. 29.]

<u>제98조(예산ㆍ결산) ① 한국은행의 매 회계연도 예산은 금융통화위</u>

원회의 의결을 거쳐 확정한다.

② 한국은행은 제1항의 예산 중 급여성 경비 등 대통령령으로 정하는 예산에 대해서는 미리 재정경제부장관의 승인을 받아야 한다. 이 경우 지체 없이 국회 소관 상임위원회에 보고하여야 한다. 〈개정 2025. 10. 1.〉

③ 한국은행은 해당 회계연도 개시 60일 전까지 재정경제부장관에게 제2항에 따른 예산의 예산서를 제출하여야 한다. 〈개정 2025. 10. 1.〉

④ 총재는 회계연도가 끝난 후 2개월 이내에 외부감사를 받은 해당 연도 결산서(재무제표와 그 부속명세서 및 「공인회계사법」 제23조에 따른 회계법인의 감사보고서를 포함한다)를 국회 소관 상임위원회와 재정경제부장관에게 각각 제출하여야 한다. 〈개정 2025. 10. 1.〉

[전문개정 2016. 3. 29.]

[시행일: 2026. 1. 2.] 제98조

제99조(이익금 처분) ① 한국은행은 회계연도마다 결산상 순이익금을 자산의 감가상각에 충당한 후 나머지가 있을 때에는 결산상 순이익금의 100분의 30을 매년 적립하여야 한다.

② 한국은행은 결산상 순이익금을 제1항에 따라 적립한 후 나머지가 있을 때에는 정부의 승인을 받아 이를 특정한 목적을 위한 적립금으로 적립할 수 있다.

③ 한국은행은 결산상 순이익금을 제1항과 제2항에 따라 처분한 후 나머지가 있을 때에는 이를 정부에 세입(歲入)으로 납부하여야

한다.

[전문개정 2016. 3. 29.]

제100조(손실보전) 한국은행의 회계연도에 있어서 발생한 손실은 적립금으로 보전(補塡)하고, 적립금이 부족할 때에는 「국가재정법」에서 정하는 바에 따라 정부가 보전한다.

[전문개정 2016. 3. 29.]

제2절 대차대조표와 연차보고서 등 〈개정 2016. 3. 29.〉

제101조(대차대조표의 공고) ① 한국은행은 매월 20일 이내에 전월의 최종영업일 현재의 자산 및 부채를 일정한 항목으로 표시하는 대차대조표를 공고하여야 한다. 이 경우 매 회계연도 최종영업일 현재의 대차대조표는 해당 회계연도가 끝난 후 2개월 이내에 공고할 수 있다.

② 제1항에 따른 대차대조표에는 한국은행의 총재·감사 및 그 작성 담당 책임자가 기명하고 날인 또는 서명하여야 한다.

[전문개정 2016. 3. 29.]

제102조(연차보고서의 공표) ① 한국은행은 매 회계연도가 지난 후 3개월 이내에 해당 회계연도 중의 한국은행의 업무상태와 통화 및 정부의 외환에 관한 정책을 개략적으로 기술하고 금융경제상태를 분석한 연차보고서를 정부에 제출하고, 이를 공표하여야 한다.

② 제1항에 따른 연차보고서는 금융통화위원회의 의결을 거쳐야 한다.

[전문개정 2016. 3. 29.]

제103조(영리행위의 금지 등) 한국은행은 직접·간접에 상관없이 영리행위를 하거나 영리기업의 소유 또는 운영에 참여할 수 없으며, 업무수행상 필요한 경우 외에는 부동산을 매입하거나 소유할 수 없다.

[전문개정 2016. 3. 29.]

제8장 보칙 〈개정 2016. 3. 29.〉

제104조(벌칙) 제42조제2항(제46조에서 준용하는 경우를 포함한다)을 위반한 사람은 3년 이하의 징역 또는 2천만원 이하의 벌금에 처한다.

[전문개정 2016. 3. 29.]

제105조(벌칙) 제10조를 위반한 자는 1년 이하의 징역 또는 1천만원 이하의 벌금에 처한다.

[전문개정 2016. 3. 29.]

제105조의2(벌칙) 제53조의2를 위반하여 주화를 훼손한 자는 1년 이하의 징역 또는 1천만원 이하의 벌금에 처한다.

[전문개정 2016. 3. 29.]

제106조(벌칙 적용에서 공무원 의제) ① 금융통화위원회 위원과 한국은행의 부총재보·감사 및 직원은 「형법」이나 그 밖의 법률에 따른 벌칙을 적용할 때에는 공무원으로 본다.

② 제1항에 따라 공무원으로 보는 직원의 범위는 대통령령으로 정한다.

[전문개정 2016. 3. 29.]

부칙 〈제5491호, 1997. 12. 31.〉

제1조 (시행일) 이 법은 1998년 4월 1일부터 시행한다.

제2조 (부총재 및 감사의 연임제한에 관한 적용례) 제36조제2항 및 제44조의 개정규정은 이 법에 의하여 최초로 임명되는 부총재 및 감사부터 적용한다.

제3조 (일반적 경과조치) ①이 법 시행전에 종전의 규정에 의하여 금융통화위원회가 행한 인가 · 승인 · 결정 · 명령 · 처분 기타의 행위는 이 법에 의하여 금융통화위원회가 행한 행위로 본다.

②이 법 시행전에 종전의 규정에 의하여 금융통화위원회에 대하여 행한 신청 · 보고 기타의 행위는 이 법에 의하여 금융통화위원회에 대하여 행한 행위로 본다.

제4조 (위원 및 집행간부 등에 관한 경과조치) 이 법 시행당시 금융통화위원회의 의장 및 위원, 한국은행 총재 · 부총재 · 이사 및 감사는 이 법에 의하여 금융통화위원회 의장 및 위원, 한국은행총재 · 부총재 · 부총재보 및 감사가 새로 임명될 때까지 이 법에 의한 금융통화위원회의 의장 및 위원, 한국은행 총재 · 부총재 · 부총재보 및 감사의 직무를 수행한다.

제5조 (위원의 임기에 대한 특례)) 이 법에 의하여 최초로 임명되는 위원중 제13조제1항제2호 내지 제4호의 위원의 임기는 제15조제2항의 개정규정에 불구하고 2년으로 한다.

제6조 (정관의 변경) 한국은행은 이 법 시행과 동시에 이 법의 개정내용에 맞게 정관을 변경하여 재정경제원장관의 인가를 받아야 한다.

제7조 (다른 법률의 개정) ①공직자논리법중 다음과 같이 개정한다.

제3조제1항9호 및 제10조제1항제10호중 "은행감독원장"을 각각 "금융감독원장"으로 한다.

②국채법중 다음과 같이 개정한다.

제15조제2항 전단중 "한국은행의 임원"을 "한국은행 부총재보"로, "기금출납담당임원"을 "기금출납담당부총재보를"으로 하고, 동조 후단중 "기금출납담보임원은"을 "기금출납담당부총재보는"으로 한다.

제15조제3항중 "기금출납담당임원"을 "기금출납담당부총재보"로 한다.

③독점규제및공정거래에관한법률중 다음과 같이 개정한다.

제14조의3제1호를 다음과 같이 한다.

1. 금융감독기구의설치등에 관한법률에 의하여 설립된 금융감독원

④약관의규제에관한법률중 다음과 같이 개정한다.

제18조제1항중 "한국은행법에 의한 은행감독원장"을 "금융감독기구의설치등에관한법률에 의하여 설립된 금융감독원"으로 한다.

⑤제18회동계유니버시아드대회및제4회동계아시아경기대회지원법중 다음과 같이 개정한다.

제19조제2항중 "있으며, 한국은행법 제72조의 규정에 불구하고 부동산을 취득할 수 있다"를 "있다"로 한다.

제8조 (다른 법령과의 관계) 이 법 시행당시 다른 법령에서 종전의 한국은행법의 규정을 인용한 경우에 이 법중 그에 해당하는 규정이 있는 때에는 이 법의 해당 조항을 인용한 것으로 보며, 한국은행 이사를 인용한 것은 한국은행 부총재보를 인용한 것으로, 한국은행은 행감독원 또는 은행감독원을 인용한 것은 금융감독원을 인용한 것으

로, 한국은행은행감독원장 또는 은행감독원장을 인용한 것은 금융감독원장을 인용한 것으로 본다.

부칙 〈제6018호, 1999. 9. 7.〉 (농업협동조합법)

제1조 (시행일) 이 법은 2000년 7월 1일부터 시행한다.〈단서 생략〉

제2조 내지 제17조 생략

제18조 (다른 법률의 개정) ①내지 ③생략

④한국은행법중 다음과 같이 개정한다.

제11조제2항을 다음과 같이 한다.

②농업협동조합중앙회 및 수산업협동조합중앙회의 신용사업 부문은 이를 하나의 금융기관으로 본다.

⑤내지 ⑦생략

제19조 내지 제21조 생략

부칙 〈제6256호, 2000. 1. 28.〉 (수산업협동조합법)

제1조 (시행일) ①이 법은 2000년 7월 1일부터 시행한다. 〈단서 생략〉

②생략

제2조 내지 제11조 생략

제12조 (다른 법률의 개정) ①농업협동조합법중 다음과 같이 개정한다.

법률 제6018호 농업협동조합법 부칙 제18조제3항 및 제4항을 각각 다음과 같이 한다.

③생략

④한국은행법중 다음과 같이 개정한다.

제11조제2항을 다음과 같이 한다.

②농업협동조합중앙회 및 수산업협동조합중앙회의 신용사업 부문은 이를 하나의 금융기관으로 본다.

②내지 ④생략

제13조 및 제14조 생략

부칙 〈제6274호, 2000. 10. 23.〉 (금융지주회사법)

제1조 (시행일) 이 법은 공포후 1월이 경과한 날부터 시행한다.

제2조 (다른 법률의 개정) ①생략

②한국은행법중 다음과 같이 개정한다.

제11조제1항중 "은행법 제2조의 규정에 의한 금융기관을 말한다"를 "은행법 제2조의 규정에 의한 금융기관과 금융지주회사법에 의한 은행지주회사를 말한다"로 한다.

③생략

제3조 내지 제6조 생략

부칙 〈제6429호, 2001. 3. 28.〉 (상호저축은행법)

제1조 (시행일) 이 법은 공포한 날부터 2년을 넘지 아니하는 범위내에서 대통령령이 정하는 날부터 시행한다. 〈단서 생략〉

제2조 내지 제9조 생략

제10조 (다른 법률의 개정) ①내지 ⑩생략

⑪한국은행법중 다음과 같이 개정한다.

제11조제3항중 "상호신용금고업무"를 "상호저축은행업무"로 한다.

제11조 생략

부칙 〈제6836호, 2002. 12. 30.〉 (국고금관리법)

제1조 (시행일) 이 법은 2003년 1월 1일부터 시행한다.

제2조 내지 제5조 생략

제6조 (다른 법률의 개정) ①내지 ④생략

⑤한국은행법중 다음과 같이 개정한다.

제71조중 "예산회계법"을 "국고금관리법"으로 한다.

⑥내지 ㉛생략

제7조 생략

부칙 〈제6971호, 2003. 9. 3.〉

①(시행일) 이 법은 2004년 1월 1일부터 시행한다.

②(위원 및 부총재 임기에 관한 경과조치) 이 법 시행 당시 종전의 제13조제1항제7호의 규정에 의하여 임명된 금융통화위원회 위원과 종전의 제36조제1항의 규정에 의하여 임명된 부총재의 임기는 종전의 규정에 불구하고 2003년 12월 31일까지로 한다.

부칙 〈제8050호, 2006. 10. 4.〉 (국가재정법)

제1조 (시행일) 이 법은 2007년 1월 1일부터 시행한다. 〈단서 생략〉

제2조 내지 제10조 생략

제11조 (다른 법률의 개정) ①내지 〈55〉생략

〈56〉한국은행법 일부를 다음과 같이 개정한다.

제100조 중 "예산회계법"을 "「국가재정법」"으로 한다.

〈57〉내지 〈59〉생략

제12조 생략

부칙 〈제8852호, 2008. 2. 29.〉 (정부조직법)

제1조(시행일) 이 법은 공포한 날부터 시행한다. 다만, ···〈생략〉···, 부칙 제6조에 따라 개정되는 법률 중 이 법의 시행 전에 공포되었으나 시행일이 도래하지 아니한 법률을 개정한 부분은 각각 해당 법률의 시행일부터 시행한다.

제2조 부터 제5조까지 생략

제6조(다른 법률의 개정) ① 부터 〈57〉 까지 생략

〈58〉 한국은행법 일부를 다음과 같이 개정한다.

제13조제1항제3호, 제43조제2항, 제82조 각 호 외의 부분, 제94조 전단 및 제98조제2항부터 제4항까지 중 "재정경제부장관"을 각각 "기획재정부장관"으로 한다.

〈59〉 부터 〈760〉 까지 생략

제7조 생략

부칙 〈제8863호, 2008. 2. 29.〉 (금융위원회의 설치 등에 관한 법률)

제1조(시행일) 이 법은 공포한 날부터 시행한다.

제2조 부터 제4조까지 생략

제5조(다른 법률의 개정) ① 부터 〈55〉 까지 생략

〈55〉 한국은행법 일부를 다음과 같이 개정한다.

제13조제1항제5호, 제89조제2항 및 제94조 전단 중 "김융감독위원회"를 각각 "금융위원회"로 한다.

제88조제1항 중 "금융감독기구의설치등에관한법률"을 "「금융위원회의 설치 등에 관한 법률」"로 한다.

제89조제1항 중 "김융감독위원회"를 "금융위원회"로, "조치"를 "금융감독상의 조치"로 한다.

제91조 중 "재정경제부차관"을 "기획재정부차관 또는 금융위원회 부위원장"으로 하고, 같은 조에 단서를 다음과 같이 신설한다.

다만, 금융위원회 부위원장의 경우에는 금융위원회 소관 사항에 한하여 열석하여 발언할 수 있다.

제92조제1항 및 제3항 중 "재정경제부장관"을 각각 "기획재정부장관"으로 한다.

〈56〉 부터 〈85〉 까지 생략

부칙 〈제10303호, 2010. 5. 17.〉 (은행법)

제1조(시행일) 이 법은 공포 후 6개월이 경과한 날부터 시행한다. 〈단서 생략〉

제2조 부터 제8조까지 생략

제9조(다른 법률의 개정) ① 부터 〈81〉 까지 생략

〈82〉 한국은행법 일부를 다음과 같이 개정한다.

제11조제1항 중 "은행법 제2조의 규정에 의한 금융기관"을 "「은

행법」 제2조에 따른 은행"으로 한다.

〈83〉 부터 〈86〉 까지 생략

제10조 생략

부칙 〈제10522호, 2011. 3. 31.〉 (농업협동조합법)

제1조(시행일) 이 법은 2012년 3월 2일부터 시행한다. 〈단서 생략〉

제2조 부터 제26조까지 생략

제27조(다른 법률의 개정) ①부터 ㉒까지 생략

㉓ 한국은행법 일부를 다음과 같이 개정한다.

제11조제2항 중 "농업협동조합중앙회 및 수산업협동조합중앙회"를 "수산업협동조합중앙회"로 한다.

㉔ 및 ㉕ 생략

제28조 생략

부칙 〈제11051호, 2011. 9. 16.〉

제1조(시행일) 이 법은 공포 후 3개월이 경과한 날부터 시행한다.

제2조(결산서 제출에 관한 적용례) 제98조제4항의 개정규정 중 외부감사에 관한 사항은 2011회계연도 결산분부터 적용한다.

제3조(다른 법률의 개정) ① 은행법 일부를 다음과 같이 개정한다.

제30조제1항 본문 중 "예금채무"를 "「한국은행법」 제55조에 따른 지급준비금 적립대상 채무"로, "예금지급준비금"을 "지급준비금"으로, "예금지급준비자산"을 "지급준비자산"으로 하고, 같은 항 단서 중 "예금지급준비금"을 "지급준비금"으로, "예금지급준비자산"을 "지

급준비자산"으로 한다.

② 중소기업은행법 일부를 다음과 같이 개정한다.

제33조의4의 제목 "(예금지급준비금)"을 "(지급준비금)"으로 하고, 같은 조 중 "예금지급준비금(預金支給準備金)"을 "지급준비금(支給準備金)"으로 한다.

부칙 〈제11380호, 2012. 3. 21.〉

제1조(시행일) 이 법은 공포 후 1개월이 경과한 날부터 시행한다. 다만, 제33조제1항의 개정규정은 2012년 5월 30일부터 시행한다.

제2조(총재의 국회 인사청문에 관한 적용례) 제33조제1항의 개정규정은 이 법 시행 후 최초로 임명되는 총재부터 적용한다.

부칙 〈제14101호, 2016. 3. 29.〉

이 법은 공포한 날부터 시행한다.

부칙 〈제14242호, 2016. 5. 29.〉 (수산업협동조합법)

제1조(시행일) 이 법은 2016년 12월 1일부터 시행한다. 〈단서 생략〉

제2조 부터 제20조까지 생략

제21조(다른 법률의 개정) ①부터 ㉕까지 생략

㉖ 한국은행법 일부를 다음과 같이 개정한다.

제11조제2항을 삭제한다.

㉗ 생략

제22조 생략

부칙 〈제15427호, 2018. 3. 13.〉

제1조(시행일) 이 법은 공포한 날부터 시행한다.

제2조(위원의 임기에 관한 특례) 이 법 시행 후 제13조제1항제4호·제5호의 위원(제16조에 따른 보궐위원은 제외한다)이 최초로 임명되는 경우 그 위원의 임기는 제15조제1항의 개정규정에도 불구하고 3년으로 한다.

부칙 〈제19409호, 2023. 5. 16.〉 (국가유산기본법)

제1조(시행일) 이 법은 공포 후 1년이 경과한 날부터 시행한다.

제2조 생략

제3조(다른 법률의 개정) ①부터 ㉓까지 생략

㉔ 한국은행법 일부를 다음과 같이 개정한다.

제53조의3 중 "문화재"를 "「국가유산기본법」 제3조에 따른 국가유산"으로 한다.

㉕ 및 ㉖ 생략

한국은행법 시행령

[시행 2025. 1. 31.] [대통령령 제35228호, 2025. 1. 21., 타법개정]

**개정 예정 법률 밑줄 별도 표시.

한국은행법 시행령

[시행 2025. 1. 31.] [대통령령 제35228호, 2025. 1. 21., 타법개정]

제1조(목적) 이 영은 한국은행법에서 위임된 사항과 그 시행에 관하여 필요한 사항을 규정함을 목적으로 한다.

제2조(한국은행의 설립등기) ①한국은행의 설립등기에 있어서는 다음 각호의 사항을 등기하여야 한다.

1. 목적
2. 명칭
3. 주된 사무소 및 지사무소에 관한 사항
4. 총재의 성명ㆍ주민등록번호 및 주소
5. 부총재ㆍ부총재보 및 감사의 성명 및 주소
6. 공고의 방법

②제1항의 설립등기에 있어서는 그 신청서에 다음 각호의 서류를 첨부하여야 한다.

1. 정관
2. 정관인가서의 사본

제3조(설치등기) 한국은행은 지사무소를 설치한 경우에는 설치 후 2주일 이내에 주된 사무소의 소재지에서 설치된 지사무소의 명칭, 소재지 및 설치 연월일을 등기해야 한다.

[전문개정 2025. 1. 21.]

제4조(이전등기) ① 한국은행은 주된 사무소를 이전한 경우에는 이전 후 2주일 이내에 종전 소재지 또는 새 소재지에서 새 소재지와 이전 연월일을 등기해야 한다.

② 한국은행은 지사무소를 이전한 경우에는 이전 후 2주일 이내에 주된 사무소의 소재지에서 새 소재지와 이전 연월일을 등기해야 한다.

[전문개정 2025. 1. 21.]

제5조(변경등기) 한국은행은 제2조제1항 각 호 또는 제3조의 등기사항이 변경된 경우(제4조에 따른 이전등기에 해당하는 경우는 제외한다)에는 변경 후 2주일 이내에 주된 사무소의 소재지에서 변경사항을 등기해야 한다.

[전문개정 2025. 1. 21.]

제6조(관할등기소) ① 한국은행의 등기는 주된 사무소의 소재지를 관할하는 지방법원, 지원(支院) 또는 등기소에서 담당한다. 〈개정 2025. 1. 21.〉

②각 등기소에는 한국은행 등기부를 비치하여야 한다.

제7조(증명서류) 지사무소의 신설·이전 또는 제2조제1항제1호 내지 제4호 또는 제6호의 사항의 변경등기신청서에는 지사무소의 신설·이전 또는 등기사항의 변경을 증명하는 서류를 첨부하여야 한다.

제8조(대리인의 선임) ①한국은행은 한국은행 총재(이하 “총재”라 한다)가 「한국은행법」(이하 “법”이라 한다) 제35조에 따라 대리인을 선임한 경우에는 선임 후 2주일 이내에 주된 사무소의 소재지에서 다

음 각 호의 사항을 등기해야 한다. 〈개정 2025. 1. 21.〉

1. 대리인의 성명·주민등록번호 및 주소

2. 대리인을 둔 주된 사무소 또는 지사무소

3. 대리인의 권한을 제한한 때에는 그 제한의 내용

②법 제35조제2항의 규정에 의하여 총재의 재판상 대리인으로 선임될 수 있는 직원은 재판과 관련된 업무에 2년 이상 종사한 경험이 있거나 동 업무에 대한 학식과 경험이 풍부한 자로 한다.

제9조(공고) 총재는 등기한 사항을 법원 또는 등기소에서 지체없이 공고하여야 한다.

제10조(등기에 관한 준용규정) 한국은행의 등기에 관하여 이 영에 특별한 규정이 있는 것을 제외하고는 비송사건절차법을 준용한다. 이 경우에 동법중 "본점"은 이를 "주된 사무소"로, "지점"은 이를 "지사무소"로 본다.

제11조(위원추천사무) ①총재는 법 제13조제1항제3호 및 제5호 내지 제7호의 규정에 의한 금융통화위원회 위원의 임기가 만료되는 때에는 그 임기가 만료되기 30일전까지 당해 위원의 추천기관에 대하여 위원후보자의 추천을 요청하여야 한다. 〈개정 2003. 12. 30.〉

②총재는 제1항의 규정에 의한 위원중 궐원이 생긴 경우에는 지체없이 당해 위원의 추천기관에 대하여 위원후보자의 추천을 요청하여야 한다.

제12조(회의운영) ①금융통화위원회 의장(이하 "의장"이라 한다)은 매월 1회이상 금융통화위원회 회의를 소집하여야 한다.

②의장은 회의를 소집하는 경우에는 회의의 일시·장소와 회의사

항을 기재한 서면을 회의자료와 함께 긴급한 사유가 없는 한 회의 개최 2일전까지 위원(회의에 열석하여 발언할 수 있는 사람을 포함한다)에게 통지하여야 한다. 다만, 법 제96조제1항에 따른 거시 금융안정상황에 대한 평가보고서를 심의하기 위하여 회의를 소집하는 경우에는 그 보고서를 회의 개최 5영업일 전까지 위원(회의에 열석하여 발언할 수 있는 사람을 포함한다)에게 통지하여야 한다. 〈개정 2011. 12. 16.〉

③의장은 회의를 개최한 때에는 회의일시 · 장소 · 발언자 및 발언내용 등 회의사항을 충실히 기록하고 참석한 위원으로 하여금 서명 또는 날인하게 하여야 하며, 이를 근거로 하여 금융통화위원회가 정하는 바에 따라 의사록을 작성하여야 한다.

제12조의2(지급준비금 적립대상 채무) 법 제55조제1항에서 "대통령령으로 정하는 채무"란 만기(채권을 발행할 때 정한 만기를 말한다) 2년 이하의 원화표시 채권으로서 다음 각 호의 어느 하나에 해당하는 채권의 발행에 따라 발생한 채무를 말한다. 〈개정 2014. 12. 30.〉

1. 금융통화위원회가 현저한 통화팽창기에 또는 현저한 통화팽창기가 될 우려가 있는 경우에 법 제55조제1항에 따른 지급준비금(이하 "지급준비금"이라 한다)의 적립이 필요하다고 인정하는 기간 동안 발행되는 「은행법 시행령」 제19조에 따른 금융채

2. 금융통화위원회가 현저한 통화팽창기에 정부와 지급준비금의 적립 여부 및 그 기간에 대하여 협의를 거쳐 정하는 기간 동안 발행되는 다음 각 목의 채권

가. 「농업협동조합법」 제153조에 따른 농업금융채권

나. 「수산업협동조합법」 제156조에 따른 수산금융채권

다. 「중소기업은행법」 제36조의2에 따른 중소기업금융채권

라. 「한국산업은행법」 제23조에 따른 산업금융채권

[본조신설 2011. 12. 16.]

제13조(지급준비율) 금융통화위원회가 법 제56조제1항의 규정에 의한 지급준비율을 인상하고자 하는 경우에는 법 제61조의 규정에 의하여 늦어도 2주일전까지 금융기관에 통보하여야 한다. 〈개정 2011. 12. 16.〉

[제목개정 2011. 12. 16.]

제14조(지급준비자산) ①법 제63조의 규정에 의하여 금융통화위원회가 금융기관에 대하여 지급준비자산을 보유하도록 요구하는 경우 금융기관은 지급준비자산을 현금, 정부의 채무 또는 정부가 보증한 채무를 표시하는 유통증권 또는 한국은행의 채무를 표시하는 유통증권으로 보유하여야 한다.

②제1항의 규정에 의한 지급준비자산의 최저보유비율 및 한도 기타 필요한 사항은 금융통화위원회가 정한다.

제15조(정부대행기관의 지정) ①법 제77조의 규정에 의한 정부대행기관은 기획재정부장관이 관계부처의 장과 협의한 후 국무회의의 심의를 거쳐 대통령의 승인을 얻어 지정한다. 〈개정 2008. 2. 29.〉

②기획재정부장관은 관계부처의 장과 협의한 후 국무회의의 심의를 거쳐 대통령의 승인을 얻어 정부대행기관의 지정을 취소할 수 있다. 〈개정 2008. 2. 29.〉

제15조의2(자료제출요구 대상) ① 법 제87조제3호에서 “대통령령으

로 정하는 자"란 다음 각 호의 어느 하나에 해당하는 금융업을 영위하는 자로서 자산규모가 해당 금융업의 평균 자산규모(제1호 및 제8호의 경우에는 각 금융업을 같은 금융업으로 보아 산출한 평균 자산규모를 말한다) 이상인 자를 말한다.

1. 「자본시장과 금융투자업에 관한 법률」에 따른 증권(집합투자증권은 제외한다)에 관한 투자매매업 또는 투자중개업. 다만, 「자본시장과 금융투자업에 관한 법률」 제22조에 따른 겸영금융투자업자가 해당 금융업을 영위하는 경우는 제외한다.

2. 「자본시장과 금융투자업에 관한 법률」에 따른 집합투자업

3. 「보험업법」에 따른 생명보험업

4. 「보험업법」에 따른 손해보험업

5. 「보험업법」에 따른 제3보험업

6. 「상호저축은행법」에 따른 상호저축은행업

7. 「여신전문금융업법」에 따른 신용카드업

8. 「여신전문금융업법」에 따른 시설대여업, 할부금융업 또는 신기술사업금융업

② 제1항에서 자산규모 및 평균 자산규모는 법 제87조에 따라 자료제출을 요구하는 회계연도의 직전 회계연도말을 기준으로 산출한다.

[본조신설 2011. 12. 16.]

제15조의3(검사 및 공동검사 요구의 이행 기간) 법 제88조제1항 후단에 따라 금융감독원은 검사 또는 공동검사를 요구받은 날부터 1개월 내에 응하여야 한다.

[본조신설 2011. 12. 16.]

제16조(재의요구) ①금융통화위원회가 의결을 한 때에는 의결서의 사본을 즉시 기획재정부장관에게 송부하여야 한다. 〈개정 2008. 2. 29.〉

②기획재정부장관은 금융통화위원회의 의결에 대하여 법 제92조의 규정에 의하여 재의를 요구하는 경우에는 재의요구의 취지 및 내용을 즉시 공표하여야 한다. 〈개정 2008. 2. 29.〉

제17조(급여성 경비예산) 법 제98조제2항에서 "급여성 경비 등 대통령령이 정하는 예산"이라 함은 한국은행의 예산중 일반관리비의 인건비와 급여성 복리후생비에 해당하는 예산을 말한다.

[전문개정 2003. 12. 30.]

제18조(이익금처분) ①한국은행은 법 제99조제3항의 규정에 의한 잔여순이익금을 매 회계연도 경과후 2월이내에 정부에 세입으로 납부하여야한다.

②한국은행은 제1항의 납부를 하는 경우에는 매 회계연도말의 대차대조표 · 손익계산서 및 이익금처분명세서 각 2부를 정부에 제출하여야 한다.

제18조의2(고유식별정보의 처리) 한국은행은 다음 각 호의 사무를 수행하기 위하여 불가피한 경우 「개인정보 보호법 시행령」 제19조제1호, 제2호 또는 제4호에 따른 주민등록번호, 여권번호 또는 외국인등록번호가 포함된 자료를 처리할 수 있다.

1. 법 제49조의2(법 제53조에서 준용하는 경우를 포함한다)에 따른 위조 · 변조된 한국은행권의 집중관리에 관한 사무

2. 법 제64조제2항에 따른 신용증권의 취급 사무

3. 법 제65조제3항(법 제80조제3항에서 준용하는 경우를 포함한다)에 따른 금융기관의 업무와 재산상황의 조사·확인 사무

4. 법 제71조에 따른 국고금의 취급 사무

5. 법 제82조에 따른 외국환업무 등에 관한 사무

6. 법 제94조에 따른 자료협조에 관한 사무

[본조신설 2012. 1. 6.]

제19조(벌칙적용에 있어서의 공무원 의제) 법 제106조제2항의 규정에 의하여 형법 기타 법률에 의한 벌칙의 적용에 있어서 공무원으로 보는 한국은행의 직원의 범위는 다음 각호와 같다. 다만, 형법 제129조 내지 제132조의 규정의 적용에 있어서는 모든 한국은행직원을 공무원으로 본다. 〈개정 2003. 12. 30., 2011. 12. 16.〉

1. 국장

2. 실장 및 원장(국장밑에 두는 실장 및 원장을 포함한다)

3. 지사무소장

4. 법 제65조에 따른 금융기관에 대한 긴급여신 업무를 수행하는 직원

5. 법 제80조에 따른 영리기업에 대한 여신 업무를 수행하는 직원

6. 법 제87조에 따른 자료제출요구 업무를 수행하는 직원

7. 법 제88조에 따른 공동검사 또는 「외국환거래법」 제20조에 따른 검사를 수행하는 직원

제20조 삭제 〈2016. 12. 30.〉

부칙 〈제15750호, 1998. 4. 1.〉

제1조 (시행일) 이 영은 1998년 4월 1일부터 시행한다.

제2조 (벌칙적용에 있어서 공무원으로 의제되는 자의 범위 등에 관한 경과조치) ①이 영 시행전의 한국은행의 임·직원의 행위에 대한 벌칙의 적용에 있어서 공무원으로 의제되는 자의 범위는 제19조의 개정규정에 불구하고 종전의 규정에 의한다.

②이 영 시행전의 정부관리기업체의 간부직원의 행위에 대한 벌칙의 적용에 있어서 공무원으로 의제되는 자의 범위는 부칙 제3조제18항의 개정규정에 불구하고 종전의 규정에 의한다.

제3조 (다른 법령의 개정) ①공공기관의개인정보보호에관한법률시행령중 다음과 같이 개정한다.

제2조 중 "금융기관(한국은행법 제28조의 규정에 의한 은행감독원을 제외한다)"을 "금융기관"으로 한다.

②공공용지의취득및손실보상에관한특례법시행령중 다음과 같이 개정한다.

제2조의7 제1항 및 제2항중 "한국은행의 본점·지점·출장소 및 대리점"을 "한국은행의 주된 사무소·지사무소 및 대리점"으로 한다.

③국채법시행령중 다음과 같이 개정한다.

제30조 제3항제2호중 "한국은행의 임·직원"을 "한국은행의 집행간부 및 직원"으로 한다.

④독립공채상환에관한특별조치법시행령중 다음과 같이 개정한다.

제4조 제2항제4호중 "한국은행의 임원"을 "한국은행의 집행간부"로 한다.

⑤수입인지에관한법률시행령중 다음과 같이 개정한다.

제7조 중 "한국은행(한국은행 지점을 포함한다)"를 "한국은행(주된사무소·지사무소 및 대리점을 포함한다)"로 한다.

⑥수출보험법시행령중 다음과 같이 개정한다.

제15조 제2항제2호중 "이사"를 "집행간부"로 한다.

⑦약관의규제에관한법률시행령중 다음과 같이 개정한다.

제5조 제2항중 "한국은행법에 의한 은행감독원"을 "금융감독기구의설치등에관한법률에 의하여 설립된 금융감독원"으로 한다.

⑧양곡증권법시행령중 다음과 같이 개정한다.

제14조 중 "한국은행(본점·지점 및 국고대리점을 포함한다. 이하 같다)"을 "한국은행(주된 사무소·지사무소 및 대리점을 포함한다. 이하 같다)"으로 한다.

⑨어업등록령중 다음과 같이 개정한다.

제94조 제1항중 "한국은행 본점, 지점이나 대리점"을 "한국은행의 주된 사무소·지사무소 및 대리점"으로 한다.

⑩여권법시행령중 다음과 같이 개정한다.

제7조 제1호중 "임원 및 직원"을 "임원 또는 집행간부 및 직원"으로 한다.

⑪자산재평가법시행령중 다음과 같이 개정한다.

제10조 중 "한국은행(그 지점 또는 대리점을 포함한다. 이하 같다)"을 "한국은행(주된 사무소·지사무소 및 대리점을 포함한다. 이하 같다)"으로 한다.

제24조의2 중 "한국은행법 제36조"를 "한국은행법 제86조"로 한다.

⑫장애인고용촉진등에관한법률시행령중 다음과 같이 개정한다.

第53조 중 “한국은행(본점 · 지점 및 국고대리점을 포함한다. 이하 같다)”을 “한국은행(주된 사무소 · 지사무소 및 대리점을 포함한다. 이하 같다)”으로 한다.

第54조 제3항중 “한국은행 본점”을 “한국은행의 주된 사무소”로 한다.

⑬재외공무원복무규정중 다음과 같이 개정한다.

第24조 제1항중 “국외에 주재하는 소속임 · 직원”을 “국외에 주재하는 소속임원 또는 집행간부 및 직원”으로 한다.

⑭조세감면규제법시행령중 다음과 같이 개정한다.

第35조 제4항중 “한국은행은행감독원장”을 “금융감독기구의설치등에관한법률에 의하여 설립된 금융감독원 원장”으로 한다.

⑮종자산업법시행령중 다음과 같이 개정한다.

第54조 중 “한국은행본점”을 “한국은행의 주된 사무소”로 한다.

第57조 중 “한국은행(국고거래점을 포함한다. 이하 같다)”을 “한국은행(주된 사무소 · 지사무소 및 대리점을 포함한다. 이하 같다)”으로 한다.

第58조 제4항중 “한국은행본점”을 “한국은행의 주된 사무소”로 한다.

⑯직업훈련촉진기금법시행령중 다음과 같이 개정한다.

第7조 중 “한국은행(본점 · 지점 및 국고대리점을 포함한다. 이하 같다)”을 “한국은행(주된 사무소 · 지사무소 및 대리점을 포함한다. 이하 같다)”으로 한다.

第8조 제3항중 “한국은행 본점”을 “한국은행의 주된 사무소”로 한다.

⑰진폐의예방과진폐근로자의보호등에관한법률시행령중 다음과 같이 개정한다.

제19조 중 "한국은행(본점·지점 및 국고대리점을 포함한다. 이하 같다)"을 "한국은행(주된 사무소·지사무소 및 대리점을 포함한다. 이하 같다)"으로 한다.

제20조 제3항중 "한국은행본점"을 "한국은행의 주된 사무소"로 한다.

⑱특정범죄가중처벌등에관한법률시행령중 다음과 같이 개정한다.

제2조 제1호중 "한국은행(은행감독원을 포함한다)"을 "한국은행"으로 하고, 동조제9호 및 제10호를 각각 다음과 같이 한다.

9. 금융감독원

10. 한국증권거래소

⑲한국수출입은행법시행령중 다음과 같이 개정한다.

제12조의2 제1항제3호중 "이사"를 "집행간부 또는 이사"로 한다.

제4조 (다른 법령과의 관계) 이 영 시행당시 다른 법령에서 종전의 한국은행법시행령의 규정을 인용한 경우에 이 영중 그에 해당하는 규정이 있는 때에는 이 영의 해당 조항을 인용한 것으로 보며, 한국은행 이사를 인용한 것은 한국은행 부총재보를 인용한 것으로, 한국은행의 본점·지점·출장소 및 대리점을 인용한 것은 한국은행의 주된 사무소·지사무소 및 대리점을 인용한 것으로, 한국은행은행감독원 또는 은행감독원을 인용한 것은 금융감독원을 인용한 것으로, 한국은행감독원장 또는 은행감독원장을 인용한 것은 금융감독원장을 인용한 것으로 본다.

부칙 〈제18169호, 2003. 12. 30.〉

이 영은 2004년 1월 1일부터 시행한다.

부칙 〈제20653호, 2008. 2. 29.〉 (금융위원회의 설치 등에 관한 법률 시행령)

제1조(시행일) 이 영은 공포한 날부터 시행한다. 다만, 부칙 제2조에 따라 개정되는 대통령령 중 이 영의 시행 전에 공포되었으나 시행일이 도래하지 아니한 대통령령을 개정한 부분은 각각 해당 대통령령의 시행일부터 시행한다.

제2조(다른 법령의 개정) ① 부터 ㊷ 까지 생략

㊸ 한국은행법시행령 일부를 다음과 같이 개정한다.

제15조제1항·제2항 및 제16조제1항·제2항 중 “재정경제부장관”을 각각 “기획재정부장관”으로 한다.

㊹ 부터 ㊾ 까지 생략

부칙 〈제20720호, 2008. 2. 29.〉 (기획재정부와 그 소속기관 직제)

제1조(시행일) 이 영은 공포한 날부터 시행한다. 다만, 부칙 제8조에 따라 개정되는 대통령령 중 이 영의 시행 전에 공포되었으나 시행일이 도래하지 아니한 대통령령을 개정한 부분은 각각 해당 대통령령의 시행일부터 시행한다.

제2조 부터 제7조까지 생략

제8조(다른 법령의 개정) ① 부터 〈64〉 까지 생략

〈65〉 한국은행법시행령 일부를 다음과 같이 개정한다.

제15조제1항 및 제2항, 제16조 제1항 및 제2항 중 “재정경제부장관”을 각각 “기획재정부장관”으로 한다.

〈66〉 부터 〈68〉 까지 생략

부칙 〈제23378호, 2011. 12. 16.〉

이 영은 2011년 12월 17일부터 시행한다.

부칙 〈제23488호, 2012. 1. 6.〉 (민감정보 및 고유식별정보 처리 근거 마련을 위한 과세자료의 제출 및 관리에 관한 법률 시행령 등 일부개정령)

제1조(시행일) 이 영은 공포한 날부터 시행한다. 〈단서 생략〉

제2조 생략

부칙 〈제25840호, 2014. 12. 9.〉 (규제 재검토기한 설정 등 규제정비를 위한 건축법 시행령 등 일부개정령)

제1조(시행일) 이 영은 2015년 1월 1일부터 시행한다.

제2조 부터 제16조까지 생략

부칙 〈제25945호, 2014. 12. 30.〉 (한국산업은행법 시행령)

제1조(시행일) 이 영은 법률 제12663호 한국산업은행법 전부개정법률 부칙 제4조제6항에 따른 합병의 등기를 한 날부터 시행한다.

제2조 및 제3조 생략

제4조(다른 법령의 개정) ①부터 ㊱까지 생략

㊲ 한국은행법 시행령 일부를 다음과 같이 개정한다.

제12조의2제2호라목 중 "「한국산업은행법」 제25조"를 "「한국산업

은행법」 제23조"로 한다.
제5조 생략

부칙 〈제27751호, 2016. 12. 30.〉 (규제 재검토기한 설정 등을 위한 가맹사업거래의 공정화에 관한 법률 시행령 등 일부개정령)
제1조(시행일) 이 영은 2017년 1월 1일부터 시행한다. 〈단서 생략〉
제2조 부터 제12조까지 생략

부칙 〈제35228호, 2025. 1. 21.〉 (법인 등기규정 정비를 위한 78개 법령의 일부개정에 관한 대통령령)
이 영은 2025년 1월 31일부터 시행한다.

대한민국 법령 시리즈 453

한국은행법

법 령 / 시 행 령

2025년 12월 9일 인쇄 정가 11,000원
2025년 12월 19일 발행

편 저 편집부
디 자 인 송영미
발 행 인 조준형
발 행 처 해광출판사

http://www.hgbookpub.com
E-mail : munbookcokr@naver.com
주 소 부산광역시 중구 해관로 41-1 (중앙동2가)
전화번호 (051) 253-0001 팩스 (051) 245-1187

등 록 제 2012-000005호

해광출판사에서는 여러분의 소중한 원고와 함께 할 기회를 기다리고 있습니다. 책으로 엮을 원고나 아이디어가 있으신 분들은 이메일 munbookcokr@naver.com 로 책에 대한 간단한 개요와 원고 전체 또는 일부를 연락처와 함께 보내주십시오.

ISBN 979-11-6881-927-6

※ 법령 출처 : 법제처 국가법령정보센터
※ 본 도서는 〈공공데이터 제공 및 이용 활성화에 관한 법률〉을 근거로 출판되었습니다.

해광출판사 대한민국 법령 시리즈

001. 선원법
002. 어선법
003. 선박직원법
004. 해사안전기본법
005. 해양환경관리법
006. 선박의 입항 및 출항등에 관한 법률
007. 학교안전사고예방 및 보상에 관한 법률
008. 종합부동산세법
009. 방위사업법
010. 행정규제기본법
011. 식품산업진흥법
012. 위험물안전관리법
013. 화재의 예방 및 안전관리에 관한 법률
014. 도시가스사업법
015. 실내공기질관리법
016. 지방세법
017. 소득세법
018. 법인세법
019. 도선법
020. 선박안전법
021. 선박법
022. 수산업법
023. 고압가스안전관리법
024. 국민연금법
025. 공동주택관리법
026. 화학물질관리법
027. 어선원 및 어선 재해보상보험법
028. 장기등 이식에 관한 법률
029. 자연재해대책법
030. 공유재산 및 물품 관리법
031. 산업입지 및 개발에 관한 법률
032. 부정경쟁방지 및 영업비밀보호에 관한 법률
033. 금융지주회사법
034. 온실가스 배출권의 할당 및 거래에 관한 법률
035. 건축사법
036. 산림문화휴양에 관한 법률
037. 전기사업법
038. 사립학교법
039. 고등교육법
040. 액화석유가스의 안전관리 및 사업법
041. 선박투자회사법
042. 수산자원관리법
043. 위험물선박운송및저장규칙
044. 선박평형수관리법
045. 주택임대차보호법
046. 상가건물임대차보호법
047. 지방공기업법
048. 승강기안전관리법
049. 수목원·정원의 조성 및 진흥에 관한 법률
050. 민법
051. 치료감호 등에 관한 법률
052. 대부업 등의 등록 및 금융이용자 보호에 관한 법률
053. 사료관리법
054. 무형문화재 보전 및 진흥에 관한 법률
055. 총포·도검·화약류 등의 안전관리에 관한 법률
056. 경찰관직무집행법
057. 시설물의 안전 및 유지관리에 관한 특별법
058. 수산생물질병 관리법
059. 소비자기본법
060. 국제선박등록법
061. 정보통신망 이용촉진 및 정보보호 등에 관한 법률
062. 해운법
063. 농수산물 품질관리법
064. 수산업협동조합법
065. 해외건설촉진법
066. 수상레저안전법
067. 공무원재해보상법
068. 수상에서의 수색·구조 등에 관한 법률
069. 어촌어항법
070. 항만법
071. 항만운송사업법
072. 해양경비법
073. 해양사고의 조사 및 심판에 관한 법률
074. 외국인근로자의 고용 등에 관한 법률
075. 중소기업기본법
076. 자유무역지역의 지정 및 운영에 관한 법률
077. 대기환경보전법
078. 소음진동관리법
079. 폐기물관리법
080. 하수도법
081. 물환경보전법
082. 토양환경보전법
083. 환경정책기본법
084. 산업재해보상보험법
085. 관세법
086. 노동조합 및 노동관계조정법
087. 근로기준법
088. 군인연금법
089. 먹는물관리법
090. 기술보증기금법
091. 관광진흥법
092. 감염병의 예방 및 관리에 관한 법률
093. 사법경찰관리의 직무를 수행할 자와 그 직무범위에 관한 법률
094. 수의사법
095. 가정폭력방지 및 피해자보호 등에 관한 법률
096. 환경영향평가법
097. 체육시설의 설치 · 이용에 관한 법률
098. 장사 등에 관한 법률
099. 상호저축은행법
100. 은행법
101. 보호관찰 등에 관한 법률
102. 형법
103. 자동차관리법
104. 형사소송법
105. 전자금융거래법
106. 마약류 불법거래 방지에 관한 특례법
107. 도로법
108. 주세법
109. 변리사법
110. 하천법
111. 중소기업진흥에 관한 법률
112. 발달장애인 권리보장 및 지원에 관한 법률
113. 주택법
114. 장애인복지법
115. 농어업경영체 육성 및 지원에 관한 법률
116. 공인중개사법
117. 건강기능식품에 관한 법률
118. 예비군법
119. 개발제한구역의 지정 및 관리에 관한 특별조치법
120. 국유재산법
121. 주차장법
122. 환경기술 및 환경산업 지원법
123. 대기관리권역의 대기환경개선에 관한 특별법
124. 악취방지법
125. 미세먼지 저감 및 관리에 관한 특별법
126. 가축분뇨의 관리 및 이용에 관한 법률
127. 물의 재이용 촉진 및 지원에 관한 법률
128. 물관리기본법
129. 물관리기술 발전 및 물산업 진흥에 관한 법률
130. 자원의 절약과 재활용촉진에 관한 법률
131. 전기 · 전자제품 및 자동차의 자원순환에 관한 법률
132. 건설폐기물의 재활용촉진에 관한 법률
133. 수도권매립지관리공사의 설립 및 운영 등에 관한 법률
134. 폐기물의 국가 간 이동 및 그 처리에 관한 법률
135. 폐기물처리시설 설치촉진 및 주변지역지원 등에 관한 법률
136. 자원순환기본법
137. 잔류성오염물질 관리법
138. 환경분쟁 조정법

해광출판사 대한민국 법령 시리즈

139. 화학물질의 등록 및 평가 등에 관한 법률
140. 환경오염시설의 통합관리에 관한 법률
141. 환경오염피해 배상책임 및 구제에 관한 법률
142. 중소기업제품 구매촉진 및 판로지원에 관한 법률
143. 환경개선비용 부담법
144. 환경분야 시험·검사 등에 관한 법률
145. 환경친화적 산업구조로의 전환촉진에 관한 법률
146. 환경친화적 자동차의 개발 및 보급 촉진에 관한 법률
147. 환경범죄 등의 단속 및 가중처벌에 관한 법률
148. 생명윤리 및 안전에 관한 법률
149. 장애인차별금지 및 권리구제 등에 관한 법률
150. 부동산투자회사법
151. 정치자금법
152. 과학기술기본법
153. 대리점거래의 공정화에 관한 법률
154. 상속세 및 증여세법
155. 학원의 설립 · 운영 및 과외교습에 관한 법률
156. 해양심층수의 개발 및 관리에 관한 법률
157. 전기용품 및 생활용품 안전관리법
158. 사회기반시설에 대한 민간투자법
159. 공직선거법
160. 정당법
161. 유류오염손해배상 보장법
162. 부정청탁 및 금품등 수수의 금지에 관한 법률
163. 항로표지법
164. 어장관리법
165. 민방위기본법
166. 공직자윤리법
167. 선거관리위원회법
168. 유선 및 도선 사업법
169. 전기공사업법
170. 사회복지사업법
171. 택지개발촉진법
172. 국가공무원법
173. 민간임대주택에 관한 특별법
174. 어음법·수표법
175. 민사집행법
176. 상법
177. 문화예술진흥법
178. 중소기업협동조합법
179. 농업협동조합법
180. 도로교통법
181. 의료사고 피해구제 및 의료분쟁 조정 등에 관한 법률
182. 산림보호법
183. 소년법
184. 동물보호법
185. 건축물관리법
186. 도시개발법
187. 화물자동차 운수사업법
188. 도시 및 주거환경정비법
189. 의료법
190. 국회법
191. 응급의료에 관한 법률
192. 출입국관리법
193. 노인복지법
194. 산림자원의 조성 및 관리에 관한 법률
195. 청소년 보호법
196. 초 · 중등교육법
197. 혁신도시 조성 및 발전에 관한 특별법
198. 경제자유구역의 지정 및 운영에 관한 특별법
199. 공공기관의 운영에 관한 법률
200. 대한민국헌법
201. 국민기초생활 보장법
202. 저작권법
203. 가사소송법
204. 국가유공자 등 예우 및 지원에 관한 법률
205. 국민체육진흥법
206. 전통주 등의 산업진흥에 관한 법률
207. 재난 및 안전관리 기본법
208. 정보통신공사업법
209. 주식회사 등의 외부감사에 관한 법률
210. 공익사업을 위한 토지 등의 취득 및 보상에 관한 법률
211. 개인정보 보호법
212. 국세기본법
213. 에너지이용 합리화법
214. 감정평가 및 감정평가사에 관한 법률
215. 국가인권위원회법
216. 가맹사업거래의 공정화에 관한 법률
217. 보건의료기본법
218. 산업안전보건법
219. 법무사법
220. 교육공무원법
221. 특허법
222. 민사소송법
223. 아동복지법
224. 전파법
225. 하도급거래 공정화에 관한 법률
226. 기초연금법
227. 사립학교교직원 연금법
228. 직업안정법
229. 장애아동 복지지원법
230. 부동산등기법
231. 자동차손해배상 보장법
232. 철도안전법
233. 항공안전법
234. 전자상거래 등에서의 소비자보호에 관한 법률
235. 독점규제 및 공정거래에 관한 법률
236. 상표법
237. 채무자 회생 및 파산에 관한 법률
238. 공무원연금법
239. 축산법
240. 근로복지기본법
241. 민원 처리에 관한 법률
242. 약사법
243. 방문판매 등에 관한 법률
244. 건축기본법
245. 지방세기본법
246. 지방세징수법
247. 지방자치법
248. 도시교통정비 촉진법
249. 공공주택 특별법
250. 국세징수법
251. 공인노무사법
252. 중대재해 처벌 등에 관한 법률
253. 외무공무원법
254. 소방시설공사업법
255. 검역법
256. 공중위생관리법
257. 할부거래에 관한 법률
258. 인터넷 멀티미디어 방송사업법
259. 전기통신사업법
260. 제품안전기본법
261. 철도사업법
262. 어린이제품 안전 특별법
263. 영유아보육법
264. 원자력안전법
265. 보험업법
266. 경비업법
267. 교통안전법
268. 세무사법
269. 관세사법
270. 공인회계사법
271. 지방공무원법
272. 고용정책 기본법
273. 국가경찰과 자치경찰의 조직 및 운영에 관한 법률
274. 협동조합 기본법
275. 재해구호법
276. 환경보건법

해광출판사 대한민국 법령 시리즈

277. 자살예방 및 생명존중문화 조성을 위한 법률
278. 소방산업의 진흥에 관한 법률
279. 소방기본법
280. 비송사건절차법
281. 자연환경보전법
282. 변호사법
283. 기업구조조정투자회사법
284. 전기통신기본법
285. 에너지법
286. 해양생태계의 보전 및 관리에 관한 법률
287. 사회보장기본법
288. 통신비밀보호법
289. 공증인법
290. 물류시설의 개발 및 운영에 관한 법률
291. 청소년활동 진흥법
292. 형의 집행 및 수용자의 처우에 관한 법률
293. 도시공원 및 녹지 등에 관한 법률
294. 태권도 진흥 및 태권도공원 조성 등에 관한 법률
295. 녹색건축물 조성 지원법
296. 우편법
297. 예금자보호법
298. 건설산업기본법
299. 금융회사의 지배구조에 관한 법률
300. 장애인활동 지원에 관한 법률
301. 언론중재 및 피해구제 등에 관한 법률
302. 국가재정법
303. 농지법
304. 게임산업진흥에 관한 법률
305. 정신건강증진 및 정신질환자 복지서비스 지원에 관한 법률
306. 디자인보호법
307. 의료기사 등에 관한 법률
308. 스마트도시 조성 및 산업진흥 등에 관한 법률
309. 내수면어업법
310. 한국주택금융공사법
311. 의료기기법
312. 유통산업발전법
313. 전통시장 및 상점가 육성을 위한 특별법
314. 여신전문금융업법
315. 해외자원개발 사업법
316. 산업교육진흥 및 산학연협력촉진에 관한 법률
317. 빈집 및 소규모주택 정비에 관한 특례법
318. 기업도시개발 특별법
319. 전력기술관리법
320. 국토기본법
321. 지하수법
322. 식품위생법
323. 광업법
324. 호스피스·완화의료 및 임종과정에 있는 환자의 연명의료결정에 관한 법률
325. 주식·사채 등의 전자등록에 관한 법률
326. 표시·광고의 공정화에 관한 법률
327. 골재채취법
328. 국민건강증진법
329. 새마을금고법
330. 여객자동차 운수사업법
331. 마리나항만의 조성 및 관리 등에 관한 법률
332. 한부모가족지원법
333. 국가를 당사자로 하는 계약에 관한 법률
334. 지방자치단체를 당사자로 하는 계약에 관한 법률
335. 축산물 위생관리법
336. 병역법
337. 음악산업진흥에 관한 법률
338. 국가균형발전 특별법
339. 첨단재생의료 및 첨단바이오의약품 안전 및 지원에 관한 법률
340. 공간정보의 구축 및 관리 등에 관한 법률
341. 공유수면 관리 및 매립에 관한 법률
342. 농수산물 유통 및 가격안정에 관한 법률
343. 아시아문화중심도시 조성에 관한 특별법
344. 신탁법
345. 자연공원법
346. 생활화학제품 및 살생물제의 안전관리에 관한 법률
347. 군인사법
348. 국제조세조정에 관한 법률
349. 낙동강수계 물관리 및 주민지원 등에 관한 법률
350. 주민등록법
351. 집합건물의 소유 및 관리에 관한 법률
352. 집단에너지사업법
353. 산림조합법
354. 반도체집적회로의 배치설계에 관한 법률
355. 자본시장과 금융투자업에 관한 법률
356. 담보부사채신탁법
357. 근로자퇴직급여 보장법
358. 국제과학비즈니스벨트 조성 및 지원에 관한 특별법
359. 수도법
360. 식품 등의 표시·광고에 관한 법률
361. 약관의 규제에 관한 법률
362. 인삼산업법
363. 종자산업법
364. 항공사업법
365. 건설기계관리법
366. 군형법
367. 궤도운송법
368. 기술의 이전 및 사업화 촉진에 관한 법률
369. 농수산물의 원산지 표시 등에 관한 법률
370. 담배사업법
371. 석유 및 석유대체연료 사업법
372. 가축전염병 예방법
373. 농어촌정비법
374. 식물신품종 보호법
375. 항공보안법
376. 중소기업창업 지원법
377. 군사법원법
378. 우주개발 진흥법
379. 해저광물자원 개발법
380. 산림복지 진흥에 관한 법률
381. 지능형 로봇 개발 및 보급 촉진법
382. 헌법재판소법
383. 옥외광고물 등의 관리와 옥외광고산업 진흥에 관한 법률
384. 혈액관리법
385. 국제항해선박 등에 대한 해적행위 피해예방에 관한 법률
386. 유료도로법
387. 독립유공자예우에 관한 법률
388. 신에너지 및 재생에너지 개발·이용·보급 촉진법
389. 신용정보의 이용 및 보호에 관한 법률
390. 출판문화산업 진흥법
391. 공항시설법
392. 국민 평생 직업능력 개발법
393. 아동·청소년의 성보호에 관한 법률
394. 방송법쉬
395. 신용보증기금법
396. 화장품법
397. 청소년 기본법
398. 인터넷주소자원에 관한 법률
399. 양곡관리법
400. 도로명주소법
401. 전자문서 및 전자거래 기본법
402. 산업기술의 유출방지 및 보호에 관한 법률
403. 국가기술자격법
404. 양식산업발전법
405. 산업기술혁신 촉진법
406. 새만금사업 추진 및 지원에 관한 특별법
407. 전자정부법
408. 지역 개발 및 지원에 관한 법률
409. 한국농어촌공사 및 농지관리기금법
410. 계량에 관한 법률
411. 기업활동 규제완화에 관한 특별조치법
412. 군에서의 형의 집행 및 군수용자의 처우에 관한 법률